ウソつきの国

勢古浩爾

ミシマ社
MISHIMASHA

まえがき　――ウソはつきつめると難しい

会社をずる休みするために、〝おれなんかこれまでに何回親兄弟を病気にしちまったことか。親戚は何人も殺しちまったよ〟という笑い話がある。あるいは、〝法事など何回やったことか〟と。「笑い話」というのもちょっとしたウソで、ほんとはそんなにおもしろくはない。もうみんなこの手の話は知っているのだ。犠牲にしたのは親兄弟親戚だけではない。一番の偽理由は自分の〝体調不良〟だろうが、妻や子どもたちもウソの病気になったりする。もちろん、このウソは許される。たとえ会社に行きたくない日があっても、そんなウソはよくないという人がいたら、その人の顔が見てみたい。

いまではあまり流行《はや》らないかもしれないが、結婚式の仲人《なこうど》や会社の上司による新郎の紹介や祝辞では、「○○君は当社のエースで」とか「ホープで」とか「将来のリーダーで」などといわれたものだ。しかし、○○君のとんま面《づら》を見れば一目でウソとわかるのだ。「△

△子さんはご覧のとおり容姿端麗《たんれい》の才媛で」という新婦の紹介にしても、参列者はみんな内心「どこがじゃ?」と思っても、そんなことを口にする人はひとりもいない。もちろん、このウソも許される。許されるどころか、義務であり礼儀である。

芸能人は、結婚(離婚)しないといいながら、翌週に発表したりする。選挙の候補に挙げられた人は絶対出ないといいながら、出る。だがだれも、かれらをウソつきだとはいわない。ましてや「なぜウソをついたのか」と糾弾するものなどいない。「すみません、頭痛がするので今日休みます」というのへ、「ウソだろ」とつっこむバカ社員はいない。「当社のエースで」というのへ、「そりゃちがうな」という参列者もいない。いずれも許容範囲内のウソだからである。「わかっとるよ」と双方ともが織り込み済みなのだ。魚心《うおごころ》あれば水心《みずごころ》の形式的なウソで、だれも被害者はいないのである。

日々の暮らしのなかで見聞きし、交わされるウソの大半は、あからさまに「ウソ」と意識されないこれらの、形式的な、相互了解済みの、他愛《たあい》もないウソか、会話にスパイスを利かせるための、だれにも咎《とが》められない冗談としてのウソである。しかしそんなウソだけだったら、世の中も、自分の生活も平和である。悪意のないウソだったとしても、ときに人を傷つけることがある。人に害を与える(与えかねない)ウソがあるから、ウソは問題になるのだ。

男も女も浮気の疑念を責められて、「やっていない」とウソをつく。浮気相手に「独身だよ」とか「妻とは別れるから」とウソをつく。経歴でウソをつく。会社の面接でウソをつく。テレビで大々的に宣伝するサプリメントは効かない。毛生え薬も精力剤も効かない。小バエが取れるという商品がただの一匹も取れない。犯罪者は「やっていない」とウソをつく。警察も検察もいざとなったら組織防衛（じつは個々の人間の保身）のために露骨なウソをつく。自動車会社は燃費でウソをつく。HPで立派な経営理念を表明しておきながら、社員を平気で酷使する。料理店は産地偽装をし消費期限を操作する。政府も役所もウソをつく。政党は自分たちにつごうのいい統計だけをつまみ食いをして党利のために使う。政治家は「いっていない」「天地神明《てんちしんめい》に誓って潔白だ」とウソをつく。新聞も週刊誌もウソをつく。テレビは「画《え》」になる映像を撮るために演出（やらせ）をする。ニュースではしれっと「ブラック企業」の報道をするが、局内部のブラック性は野放しのまま。テレビドクターは制作側にいい含められ、「下手をすると死ぬ可能性があります」などと極端なことをいって出演者や視聴者を脅《おど》す。ネットでは情報の「まとめ」サイトが盗用した情報を使う。ネットのブックレビューの星の数は、サクラや悪意だけの者がいて信用がならない。

日々の暮らしのなかのウソは他愛のないウソが大半だが（むろん、嫉妬ややっかみや意趣返しや責任転嫁による卑怯なウソもある）、世の中はピンからキリまでの悪質なウソで満ちている。ウソではないにしても、ほんとうのことは隠す。そのことで、物的、心的な被害者をつくり、誤った認識をもってしまう被害者をつくりだす。

しかし、たとえばこんな例となるとどうか。

いささか古い話だが、二〇一三年九月、二〇二〇年のオリンピック招致を競うＩＯＣ総会でのプレゼンテーションで、わが安倍晋三総理大臣は、福島原発に関する懸念を払拭しようと、「Let me assure you, the situation is under control.（事態はコントロールされている。わたしが保証する）」と演説をした。そして、東京にはこれまでも、またこれからもなんのダメージもない、と付け加えた。

これを聞いていた多くの日本国民は「どこがじゃ？」と、一斉につっこんだはずである。わたしも「よくもまあ、ぬけぬけと」と思った。しかしそんなことをいえば、東日本大震災が起きた二〇一一年当時、総理大臣だった民主党の野田佳彦は同年十二月に、原子炉が冷温停止状態に達したとして廃炉へ向けたロードマップの第二ステップの完了を早々と宣言したのである。発電所の事故の収束宣言だ。だが、その後も福島第一原発からの放射能汚染水の漏洩《ろうえい》はとまらず、とても収束とはいえない状態だった。「ウソつきの国」そのものが露呈《ろてい》したといわざるをえない。

結局、政権党の都合でそのつど政府が適当なことをいっているというほかはない。しかしそれなら、安倍首相や野田首相はどういえばよかったのだろうか。そして、このふたりの言説はどんな被害をもたらしたのか。それがわからない。


ろくでもない人間ばかりだ、どいつもこいつも信用がならない、といいたいわけではない。ろくでもないのはそのとおりだが、当事者でないかぎり、わたしたちはそれらのウソをほとんど忘れる。それでなくても、悪質なウソは日々、次から次へと出てくるのである。しかしそのほとんどは自分にとってほんとうはどうでもいいものばかりだ。とても付き合ってはいられない。舛添《ますぞえ》要一前東京都知事のウソはひどかったが、もう人々の記憶の底に沈んでいる。トランプ米大統領は選挙期間中に多くのウソをついたが、それもうやむやになってしまった（今やトランプ率いるアメリカは、「ウソつきの国」先進国として世界を混乱させている）。人は案外ウソに甘く、正直さは思いのほか褒《ほ》められない。

わたしはウソをつかないか。もちろん、つく。無数に。ほとんどが取るに足らないウソで、深刻卑怯なウソは少ないと思いたいが、自信はない。ウソについて考えはじめると、けっこう難しい。なぜ人はウソをつくのか。ついていいウソとついてはいけないウソの境目《さかいめ》はどうなっているのか。はたして良質なウソというものはあるのか。ウソで騙されたくないし被害をこうむるのもご免だが、ウソは見抜けるものか。見抜いたとして咎めるのか。見逃すのはどんな場合か。なぜ卑怯なウソはつきたくないのか。

養老孟司《ようろうたけし》は「ウソを少し減らしたほうが世の中がわかりやすくなるのではないか」といっている（「ウソのいろいろ」『Ｖｏｉｃｅ』二〇一五年十二月号）。まったくそのとおりである。精神衛生上もいい。ムダなエネルギーを使うこともない。人間関係のギクシャクも減る。しかしいくら人にウソをつくなといっても効力はない。問題はやはり、一個人としての自分はどうするのか、ということである。ウソをつくのを思いとどまらせるものがあるとしたら、それはなんなのか。どうしてもウソをついてしまうのはなぜなのか。なぜ平気でウソをつくものがいるのか。ウソをつくと気持ちが悪いのはなぜか。ウソついたな、謝れ、といえないのはなぜか。そもそも、「ウソ」ってなんなのだ？

ウソつきの国——目次●

第三章　「わたしの責任です」の無責任

第六章　事実の集め方によってウソができあがる

第一章

ウソくさい言葉が蔓延している

そんなホントはいらない

人の家で食事を出され、「うわ、このハンバーグまずいですねえ、奥さん」というような愚か者はいない。「あ、おいしいです」といわなければならない。日本テレビの「満天☆青空レストラン」の宮川大輔のように、「あ、うまーい！」とテレビ的な歓声を上げる必要はもちろんないが、もてなされた料理を褒めるのは世界の常識である（だからわたしは人の家のご飯が苦手だ）。先輩に子どもの写真を見せられ（見せるほうも見せるほうだ）、「うそ、冗談でしょ」という馬鹿者もいない。内心、「なんちゅう顔をしてるんだ？」と思っても、「元気そうですね」などといわなければならない。そして、それが正しい対応である。

交際上の礼儀というものがある。そんなときに「まずい」とか「ぶさいく」という者を、正直者とはいわない。馬鹿正直ともちがう。馬鹿正直には、正直を貫いて、社会から爪弾《つまはじ》きされてもかまわないという覚悟がいる。「まずいですね」というのはただの無神経である。ホントのことをいわなかったにしても、かれをウソつきと非難する者はいない。ホントのことをいってはならない、という場面は洋の東西を問わず、多々ある。

「おまえはウソつきだ」といわれればいい気はしない。最大の人格否定のようでもある。アメリカで女の人から「You're a liar.」といわれることは、男にとって致命的な侮辱《ぶじょく》表現だと、なにかで読んだ記憶がある（といって、アメリカ人がなべて正直かというととんでもない）。このように「ウソ」は絶対悪のように思われている。それに照らせば、ホントのことをいわないとか、心にもないウソをつくのは、必要悪ということになるだろうが、「あ、おいしいです」というのが「悪」であるはずもない。礼儀（マナー）上のウソは、不可避的なウソ、義務としてのウソである。

学生時代、年内に年賀状を書くのはウソだから、おれは正月になってから書く、という男がいた。正論といえば正論である。「明けましておめでとう」と書いてもまだ年は明けてはいないし、「昨年はお世話になりました」と書いているのはまだ今年である。だからまあ、まやかしといえばまやかしなのだが、いいじゃないかそんなこと、とわたしは思った。それをウソだのまやかしだのと非難する正しさにどんな意味がある？　しかしわたしは、「そんなこと、どうでもいいじゃないか」と口にはしなかった。そんな「どうでもいいこと」で口論する気がなかったからである。各人、好きにすればいいだけの話だ。

こんな重箱の隅《すみ》をつくような正論はだれも喜ばないし、支持しない。そんなかれを正直者とか、正しき行いをする者、と評価する人もいない（いるかもしれないが）。わたしもかれを、「さすが、どんな小さなことにでも筋《すじ》を通す硬骨漢《こうこつかん》だな」とはすこしも思わなかった。かれは他のことでは万事、ある屈託《くったく》を抱えたただの粘着《ねんちゃく》的な男だとしか思えなかったからである。「ウソつき」と男を詰《なじ》る女だってウソをつくのだ。

もちろん、自分は新年になってから年賀状を書く、という人がいてもいいし、いるだろう。だれにも迷惑がかからなければ、自分の原則を貫くことはいいことである。だが、それはあくまでも自律のためである。ところが、世の中には個人に服従を強制するウソくさい見せかけの正論というものがある。たとえば、社員旅行は社員の「親睦《しんぼく》」のため、という形式的な正論がそれである。それはほんとうはウソだから、おれは行かない、という人がいてもいい。わたしは勤め始めた最初の十五年間ほどは会社のすべての行事に参加したが、その後は参加するのをやめた。社員旅行など土日の休日をつぶしてまでやることか、自由参加でいいではないかと思った。それに元々集団行動が好きではなかった。

だいたい、強制参加で「親睦」を強要するというのがおかしいのである（社内運動会というのも嫌だなあ）。なかには「親睦」などしたくない人間もいるのだし。社内で信頼関係を築く一番いい方法は、いうまでもなく仕事のなかで築くことである。あいつは約束したことはかならずやってくれるし、仕事にぬかりがない。ウソやごまかしもない。ゆえに人間的に信用できる。こういう信頼感は仕事のなかからしか生まれない。

交通信号は守らなければならない。赤は止まれで、青は進め、と子どもたちにも教える。それは正しい。が、左右を見渡しても遥《はる》か先まで車一台来ないから、赤信号を渡ろうとすると、「信号守れよ」という人がいる。かれはたぶん、正直に信号を守っている自分がバカにされたと感じたのだろう。しかし、社会のルールでいえばかれが正しいが、一個の脳ミソをもった人間の判断としては、もちろん渡るほうが正しいのである。他人の信号無視をとがめる人間は、深夜、犬一匹、人ひとり、車一台通らない大通りでも、赤信号でじっと止まっていなければならない。

年賀状男はともかく、信号固守男は正しいではないか、エラソーなおまえが間違っている、といわれる方が多いかもしれない。しかし年賀状男も信号男も、その正しさは、たとえば高音のしゃべりで人気だった社長（今は退任した）の会社のテレビ通販番組で、社員が「なんとこの商品！　二万円を切るんですよ！　お値段こちら！　一万九八〇〇円！」とシャウトする「正しさ」みたいなものである。そりゃ、たしかに間違ってはいない。二万円を切っていることはウソではない。が、たった二〇〇円の「正しさ」である。そんなに声を張りあげることとか。視聴者（それも高齢者）が「ちょっとお父さん、二万円切ってるわよ！」と小躍《こおど》りするとでも思っているとしたら、人を舐《な》めた商売をしているのである。

ウソくさい言葉が花盛り

流行語は生まれては消えてゆく。いまどき「だっちゅーの」なんてだれも使わない。「神様、仏様、稲尾様」が流行ったのは一九五八年だが、この口調は「稲尾」の部分を変えていまでも生きている。「スローライフ」「ロハス」「DINKS」「勝ち組・負け組」「飲みニケーション」などは一時期マスコミを騒がせたが、もうほとんど使われなくなった。「win-win」は最近、三菱自動車を傘下《さんか》に収めた日産のゴーン社長がいっていたが、これはビジネスの場面でまだ生きているようである。流行り言葉のほとんどが、どれも軽く、大げさで、流行度と言葉の中身がまず一致しない。

似たような言葉はいくらでもある。「ワークライフバランス」「コンプライアンス」「ハラスメント」「キャリアプラン」「QOL（クオリティオブライフ）」「自己責任」「グローバル人材」「一億総活躍社会」「リベンジ」「トラウマ」「癒し」「絆《きずな》」「おもてなし」「実質〇円《ゼロ》」「輝く女性」「コスパ」「断捨離《だんしゃり》」「ミニマリスト」「ステマ」「ディスる」「パワースポット」「想定内・想定外」「輝く老後」「第二の人生」「リア充《じゅう》」。「歴女《れきじょ》」が流行れば「カープ女子」「山ガール」「囲碁ガール」「刀剣女子」「カメラ女子」「スー女」と続々。「就活」が流行れば「婚活」「妊活」「終活」と「～活」ばっかり、本のタイトルは『老人力』以来「～力」ばっかり。言葉と実質が一致していて有用なのは「格差」ぐらいである。

日常会話でも流行り言葉は盛んである。「からのー?」「何々しーの（食べーの、行きーの）」や「何々の体《てい》で」は好ましいことに廃《すた》れてしまった。「空気を読め」「めっちゃ」「～させていただく」「ガラケー」「サクサク」「サクッと」「ガッツリ」「ガチで」（萩原健一が「ガチってなに?」と訊いていたのも好ましい）「上から目線」「知らないんですけどぉ」「何々なんですが、なにか?」「はぁ?」「噛《か》む」「イジる」「盛《も》る」。話を「寄せる」。「ノリ」「ムチャブリ」「マジっすか」「そこかい」。「がんばれ」といわずに「ガンバー」。「うまっ」に「早っ」に「甘っ」に「もっちもち」に「やばい(やべ)」。

不良やグレることは関西弁の「やんちゃ」や「ヤンキー」に入れ替わった。近畿日本ツーリストを「近ツリ」。全国の年寄りたちは、自分たちのことを孫に「じいじ」「ばあば」と呼ばせるようになった(息子・娘夫婦が呼ばせるのか)。幼児がいいやすいということなのだろうが、「わしゃそれは好かん。じっちゃん、ばっちゃんと呼ばせる」という人はいないのか。

わたしはこれらの言葉がすべて好きではない。すべてウソくさい言葉に感じられるからである。自転車を「チャリ」というのさえ嫌である。みんなが使っているという安心感の糖衣《とうい》にくるまれているから気づきにくいが、その糖衣を剝《は》がしてみれば、いっぺんにウソくさくさからウソになる言葉ばかりだとわたしには思われる。わたしは言葉や味覚にかんしては時代遅れが甚《はなは》だしく保守的である。ある意味では価値観変更に臆病《おくびょう》ともいうことができようが、自分の停滞や保守に逡巡《しゅんじゅん》はなく、なんら痛痒《つうよう》を感じない。たぶん気質的にも合わないのである。

これらの流行り言葉は、ポロシャツの襟《えり》を立てる行為の言葉編、から揚げやコロッケなんかを互いに合わせて「乾杯」などとやっているタレントたち（居酒屋あたりで素人《しろうと》もやっているのか？）がいるが、その言葉編のように見える。つまり、こんな流行り言葉を「サクッと」使えるおれ（わたし）って、ちょっとイケてね？　というけちくさい自己顕示意識が、わたしにはなんの実害もないのに、じつに耳障《ざわ》りで癇《しゃく》に障るのである。といって人に、そんな言葉は使うんじゃないとはむろんいえない。ただ、自分が使わないだけ。

言葉や行為のガラパゴス化

「朝まで生テレビ！」で香山リカがいきなり「トリクルダウン」なんてことをいいだす。わたしはちゃんと勉強しており、こんな用語も知ってますよ、というつもりなのだろうか。これをウィキペディアで調べてみると、「『富める者が富めば、貧しい者にも自然に富が滴《したた》り落ちる（トリクルダウンする）』とする経済理論または経済思想である」とある。ばかいっちゃいけない。あのバブル景気のときでさえ、こっちには一滴も落ちてこなかったぞ。かと思えば、片山さつきがまたいきなり「ICT」などといいだす。田原総一朗がそれはなに？　と訊く。わたしもなんだそれ、と思う。これも調べてみたが、もう忘れた。

八〇年代からアメリカでは「ポリティカル・コレクトネス」ということがいわれた。人種・男女差別や人権侵害を言葉の上でなくそうとする「政治的正しさ」の推進である。たとえば「Mrs.」と「Miss」は「Ms.」に、「Indian」は「Native American」に、「fireman」は「fire fighter」に、テニスの「ball boy」は「ball person」に、というように。ウソくさいといえばこれまたウソくさいのだが、趣旨はわからないでもない。ただし、日本の「看護婦」が「看護師」一辺倒になったのは、めんどうである。

用語は現実の一部の現象を帰納《きのう》したところに生まれる。新たな用語が作られるとき、その言葉は実体以上の意味を帯びる。拡散するにつれて実体外の意味も込められる。それがウソくさくなるのだ。「おもてなし」という言葉は、言葉じたいが曖昧《あいまい》だし、「ホスピタリティ」はなにも日本人の専売特許でもなんでもない。しかし滝川クリステルのプレゼンテーション以来、やたらと日本人の「おもてなし」が強調されはじめたが、いかにもわざとらしい。そのほとんどがビジネス「おもてなし」である。日本の紅葉の自画自賛だって、紅葉のきれいな場所は世界にいくらでもあるのだ。

ガラパゴス化は携帯電話（ガラケー）だけではない。流行り言葉もガラパゴス化なら、日本人の行為もガラパゴス化している。居酒屋の店員が跪《ひざまず》いて注文を受ける姿勢など、過剰で無用で逆効果だ。日本人自慢の「おもてなし」は世界のなかでガラパゴス化した「おもてなし」である。「右側のドアが開きます」だの、「雨が降りそうなので傘をお持ちください」だのの過保護なアナウンスや、アニメ映画を観ながら観客たちがペンライトを振り回し、大声で画面と掛け合いをするのも、異様な現象である。車の販売店の社員が、客の車が見えなくなるまで頭を下げ続けるのもやりすぎ。「パワースポット」も血液型性格分類も、ウソとわかっていながらテレビ局で毎朝やっている「今日の運勢」もそうである。

「ぎょうざ」という文字が入ったチェーン店（「王将」ではない）のある店舗に入ったところ、おばさんの店員から「お食事ですか？」といわれて一瞬面食らった。この店は食事以外に、魚か野菜でも売ってるのか。図書館に行き、本を返却すると、係のおばさんから「ご返却ですね」といわれた。その人は、わたしが玄関から入ってくるのを見ているのだ。外から入ってきていきなり本を借りるのか。旅行会社で奈良旅行の手続きを終え、店を出ようとすると、担当のおばさんから「××ホテル、取れてよかったですね」といわれた。もおっ。いつでも取れるホテルなのだ。彼女たちは、なにか一言いわなければそっけない、と思うのだろう。その気持ちはわからないではないが、その親愛のつもりの一言は無意味で、方向違いに過剰で、こっちをイライラさせる逆効果しかないのである。

4大バカ言葉がうっとうしい

右にあげた十両や幕内《まくうち》級のウソくさい言葉のほかに、横綱級のウソくさい言葉がある。もうすっかり定着してしまい盤石《ばんじやく》である。

一つめは「がんばれというな」である。いつの頃からか、この言葉が市民権を得たようである。鎌田實《みのる》のベストセラー『がんばらない』が出たのは、この言葉の流行の前か後か知らないが、とにかく、「がんばれ」というのは、がんばっている人に対して失礼だというのである。このいい方が普及してからは、病気見舞いで「がんばって（ください）」といえなくなった。「わたしの母が、見舞い客からがんばってといわれて、わたしは今でもこんなにがんばっているのに、これ以上どうがんばればいいの？　と悲しそうにいってました」、てなことをいう人が出現したのである。仕事でも、若い社員に「君ががんばっていることはもうわかっているから、がんばれとはいわないけど……」と前置きをする上司も出現したのである。じつにめんどうくさいことである。

気を遣《つか》い遣われる心理が、言葉遣いのものすごく細かいところまで入り込んで、にっちもさっちもいかない。二十年くらい前からか、「感動をありがとう」という表現が全国に広まった。これが二つめの横綱バカ言葉である。この表現の気持ち悪さは最初から強烈だった。なにかに感動したのなら、小泉純一郎元首相のように、ただ「感動した」だけでいいのである。なのに、それに「ありがとう」である。どないやねん？　といいたい。

これらの言葉を使いたがる人というのはどういう人なのか。「楽はしたいわ、うまいもん食いたいわ、お給金はなんぼでも欲しいわ、その代わり汗はかきまへん。ようでけとるわ」（杉良太郎『媚びない力』ＮＨＫ出版新書）のように、「ようでけとる」人々ではないかという気がする。自分ではなにもしたくはないが、感動だけは欲しいわたしを感動させてくれてありがとう、そのことをわたしの気持ちとして発信させてもらいます。どう？　わたしっていい人間でしょ？　という人である。

　しかしこの言葉も最近やや下火か、と思っていたら、リオ五輪でしぶとく再燃した。二宮清純は「スポーツニッポン」紙（二〇一六年九月九日）にこう書いている。「勇気をありがとう。感動をありがとう。パラリンピアンを取り巻く言葉の何と薄っぺらいことか。私たちは思考停止に陥ってはいなかったか」。じつは「ありがとう」なんかどうでもいいのだ。なんにでも感謝できるいい人の「わたし」がここにいます。そのことをここに「発信」します、ということだけが大事なのだろう。「薄っぺらい」わたし、である。

　この「感動をありがとう」のバリエーションなのか、子の側から「生んでくれてありがとう」が出てきた。それに呼応して「生まれてきてくれてありがとう」と返礼する親も出てき、親子でいったいなにをやっているのだ。感謝合戦である。それも試合場や結婚式やテレビなど、人目にふれる場所で、やっているのである。気持ちの悪いことである。なんでもいいから、感動できる自分、感謝できる自分、という自己陶酔《とうすい》の発信が含まれているようである。野球やサッカーの試合場では「感動をありがとう」の横断幕を最初から作って持ってきているのだ。「感謝」の先取りである。

この感謝合戦に参加してきたのが、「勇気をもらった」である。「元気をもらった」もおなじ。これが三つめのバカ言葉である。もう、ほんと、バカ。二〇一一年三月十一日の東日本大震災以後、とみに広まったように思われる。「いや、元気をもらいました」「いえいえ、ほんのすこしでも元気づけられればと思っていたわたしのほうこそ、逆に勇気をもらいました」。へりくだりあい、立てあい、元気や勇気のやりとりをして、お互いにいい人アピール合戦をやっているのだ。テレビのばかなインタビュアーが「どうですか？　みなさんとふれあって？」と訊くものだから、いうことがなくて、決まり文句で無難に済ませているという側面もありそうではあるが。

文芸批評の手法で、現代社会の紋切型表現の底にある日本人の劣性を解明しようとした武田砂鉄《さてつ》の『紋切型社会――言葉で固まる現代を解きほぐす』（朝日出版社）に、「逆にこちらが励まされました――批評を遠ざける『仲良しこよし』」という章（項）がある。

人の心情に入り込んでいくプロフェッショナルの言葉の用い方はいつだってテクニカルで、例えば東日本大震災後にはそのテクニックにどれだけデリケートさが兼ね備えられているかが問われた。そのさじ加減は難しく、その加減を精査されるのを避けるために「立ち上がろう！」「ひとつになろう！」といった、漠然としているがアツさが約束されている言葉が乱れ打ちされた。その中で、心象を表す言葉として重宝されていたのが「逆にこちらが励まされました」という言葉だった。このふんわりとした定型文は幾多のイイ話のエンディングとして使われた。日本人が慣れ親しんだ「本当の主役は、あなたです」を震災用にリミックスした言葉のように思えて仕方がなかった。

そのとおりであろう。キーワードは「デリケートさ」である。こちらが、「上から目線」に絶対にならないようにへりくだり、あなたが上、あなたがやさしい、あなたが強い、わたしはだめ、と思わせたいという傲慢《ごうまん》。「すこしでも力になる（元気や勇気をあたえる）ことができれば」という装《よそお》われた謙虚。その結果、「わたしのほうが逆に元気（勇気）をもらいました」だの「わたしのほうが感謝したい」だのの無意味でウソくさい、口先だけの紋切型感謝合戦が定着したのである。被災地慰問の芸能人やスポーツ選手、「24時間テレビ」で障碍者《しょうがい》に寄り添ったタレントたちにとって、これほど無難《ぶなん》で使い勝手のいい「重宝《ちょうほう》」な言葉はなかった。

だがその逆に、「デリケートさ」に欠けると判断された言葉は、即、ネットで叩《たた》かれる。客商売の店員はちょっとしたことで、「それが客にたいする態度か、謝れ」と謝罪を要求される。ヒリヒリしている不特定多数の自我を不快にさせないために、ウソでもなんでもいいから、過剰なまでの感謝の言葉と謝罪の言葉が求められているのだ。

四つめは「応援よろしくお願いします」である。これは一般には使われない。もっぱらスポーツ選手や芸能人の専用言葉である。一番最初にだれがいい始めたのかわからない。しかし今や、野球選手や他のスポーツ選手はこれをインタビューの「シメ」の言葉としてだれもが便利に使っている。むろん、たいした意味はない。かれらもなにをしゃべっていいかわからず、手っ取り早く終わりたいから使っているのだろうが、いかにも頭が悪いという気がする。贔屓《ひいき》の選手が使っているとがっかりする。

江本孟紀《えもとたけのり》がリオ五輪出場権を獲得した女子七人制ラグビー（サクラセブンズ）の快挙にふれてこういっている。彼女たちは「死ぬほど練習した」のだが、「最近、優勝インタビューやヒーローインタビューで『死ぬほど練習したからこそ』なんて、ほとんど聞かないだろう」。江本はおそらく、スポーツ選手たちがほんとうの気持ちを自由にいえず、形式的なことばかりをいってつまらない、といいたいのだろう。江本の気持ちを忖度《そんたく》してか、インタビュアーの内井義隆（記者？）が、「これからも応援よろしくお願いしま〜す…ばかりで」と合いの手をいれている（「サンケイスポーツ」二〇一五年十二月一日）。

内井氏も日本のスポーツ選手のばかの一つ覚えを苦々《にがにが》しく思っているようである。ネットを調べていたら、二〇一四年に（二〇一一年ともいわれる）すでにJリーグの事務局が選手たちに、この「応援よろしくお願いします」という常套句《じょうとうく》をいわないように、自分の言葉で話すように、と指導していたことを知った。ちっとも知らなかった。そういえば、いまでもこれを多用しているのは野球選手だ。また五輪代表の一部の選手はなにをおもんぱかってか、「一番いい色のメダル」という。はっきり、金メダルといえよ、と思う。

しかし、もうウソくさい言葉にはさすがに慣れてきた。まだやってるのか、とは思うが、わたしは元々寛容な人間である。それに、そんな言葉遣うんじゃないとはいえない。わたしが好きでない言葉は、かれらにとってはイケてる言葉なのだから。日本人同士の「ハグ」も市民権を得たようである。神の手をもつといわれる脳外科医が嫌がってるのに、白髪のおばあさんが、「先生、ハグしよ！」と強引に抱きついたのをテレビで観たときは、唖然とした。行動やしぐさは、言葉以上にウソくささがきわまる。親指を上に向ける「ＯＫ」が好きではない。下に向けるブーイングが好きではない。「ハイタッチ」や「グータッチ」（どうでもいいが、両方とも日本語）はもう浸透してしまったが、「ハロウィン」までが広まりつづけているのを見ていると、わたしはもう「神風連《じんぷうれん》」の心境である。

世の中はすべて「見出し語」主義

新聞、テレビ、ＣＭ、本、雑誌、週刊誌、広告。ネット、YouTube、書評、投稿。メディアに関わるほとんどすべてのものは、まず「見出し」によって始まっている。どのメディアにおいても「見出し」は必要である。全面のっぺらぼうの情報など、存在しえない。流行り言葉の拡散は主にマスメディアを通じて行われる。そして、メディアが最優先するのは、読者や視聴者を引きつける「見出し」のインパクトである（殺し文句もその一種といっていい）。「保育園落ちた日本死ね！！！」という匿名《とくめい》ブログがマスコミで取り上げられたのも、その見出し語が、とくに「日本死ね！！！」が過激だったからである。

一般紙の「見出し」はさすがにおだやかだが、スポーツ新聞は派手、週刊誌は煽情《せんじよう》的。本で、見出しに相当するのは「タイトル」や「目次」だが、これには強弱があり、ある種のビジネス書や健康本にはまるでウソ八百のものがある。メディアの記者たちは、取材相手から「見出し」になるような話だけを聞きたがる。いっそ相手からずばり「格差社会」とか「婚活」とかいってくれればもういうことはない。それさえ摑めば記事は締まるし、ポレミックでもある。ほとんど詐欺《さぎ》じゃないかという「見出し」は論外だが、人々の耳目《じもく》を集めようとする見出し語主義は、マスメディアも結局は商売である以上、当然のことである。なんら咎められることではない。

先に挙げた流行語も「見出し語」といっていいが、典型的な見出し語としては、たとえば次のようなものがある。古いところでは「隠れ家」「疑惑の総合商社」「小泉劇場」（いまは「小池劇場」）「ハンカチ王子」「メークドラマ」（二〇一六年、「リメークドラマ」として復活しかかったが、不発に終わった）「本屋大賞」などで（「花の都パリ」や「微笑みの国タイ」なども見出し語といっていい）、新しいところでは「ソウルフード」や、「婚活」から「終活」、「コスパ」「爆買い」「アベノミクス」「3・11」などである。「ゆるキャラ」も入れていいだろう（外国では「Change」「Brexit」）。

つまり、ある現象を一語で象徴させる、または現象の一部を拡大する、というものだが、その多くは、中身はたいしたことがないのに、言葉だけがある種の過剰な価値を帯びて独り歩きをしている（「3・11」はアメリカの「9・11」の真似だろう。「五・一五事件」や「二・二六事件」はあるが、これらは「事件」である。「3・11」は言葉の「コスパ」がいいのかもしれないが、気軽に口にされすぎだと思う）。不出来なのは「一億総活躍社会」に、「アベノミクス」を揶揄《やゆ》する民進党の「ダレノミクス？」である。これでは独り歩きもできない。「神の手」などは、よくできた言葉だが、いわれる本人たちはこれを当然受け入れていない。

NHKでときどき「老後親子破産」とか「無縁社会」のスペシャル番組があるが、テレビには基本的に他のメディアのような「見出し」は存在しない。毎週の番組構成と番組名が決まっているからである（ただし新聞のテレビ番組欄では「号泣」「大爆笑」「激怒」といった誇大表現はあたりまえになっている）。ではテレビに「見出し」はまったくないのかといえば、ある。それに相当するのが「画《え》になる」である。

日本テレビに「愛は地球を救う」というウソくささ一〇〇パーセントの「24時間テレビ」という番組がある。毎夏、一〇〇キロマラソンの走者はだれか、と自局だけではしゃいでいるあれだが、そのなかにかならず名物（といってよくなければ恒例）の「障碍者ドキュメンタリー」がいくつもある。百田尚樹《ひやくた》はその番組が「一番嫌」と書いている（『大放言』新潮新書）。わたしも嫌いである。障碍者たちを、ヒップホップダンスだの富士山登山だの海峡水泳横断だのの無理やりな企画に取り込み、人工的な感動を意図的につくり出そうとする局側の卑《いや》しい根性が嫌いである。

テレビ局の裏側を知る百田尚樹によると、出演する障碍者の人選はこのように決まるのだという。まずプロデューサーがリサーチャーに「ドキュメンタリーになりそうな障碍者を探してこい」と命じる。そうして各地から集まったリストから「絵になる障碍」者が選ばれる。つまり「軽い障碍よりも重い障碍（ただしあまりに重いと深刻すぎてだめ）、大人よりもこども、男性よりも女性」である。しかも「ただの日常生活ではだめ、できればスポーツや音楽や芸術関係が望ましい」ということである。

まあ、そういうことであろう、とわたしも思う。その該当者にテレビタレントたちが絡んで、毎年毎年わざとらしい美談がつくられるというわけである。「できればスポーツや音楽や芸術関係」というのは、そのほうが「画になる」からである。しかし番組が終われば、選ばれた該当者たちはお役御免でほったらかしである（かどうかは知らない）。あとはテレビ局とタレントと芸人たちにまかせなさい、というわけである。元々「障碍者ドキュメンタリー」という企画自体が「見出し語」でもある。そして番組の中身が人選と企画と演出によって「盛られる」のだ。

半日もテレビを観ていれば、何十組ものお笑い芸人を目にする。かれらほどいまのテレビを象徴する存在はなく、テレビは芸人たち（それも関西の）抜きでは成立しない。テレビはなによりも盛り上がらなければならない（と考えられている）から、かれらは番組を盛り上げるために話を「盛る」。感情やしぐさを大げさに演じる。「盛る」ためなら涙も流し、怒ってもみせる。声は「張る」。手も「叩く」。食の番組ではすべて驚くほど「うまい」ものばかりである。ホントはまずくても、「まずい」ものは一切出てこない。タレント化した局のアナウンサーたちも大はしゃぎでこれに加担する。

テレビがだらしない

テレビを観ていて「?」と思うことはいくらでもある。NHKは会社名をいわない。半官半民の組織だからしかたがない部分はあるが、映像には会社名が映っているのに、頑《がん》としてアナウンスしないのはいかにも白々《しらじら》しい。早朝に、巷《ちまた》で評判の便利グッズを紹介する「まちかど情報室」という番組がある。ところがこれが、商品名も会社名も価格も一切いわないのだ。最初にこの番組を見たときは、びっくりした。「情報室」のくせに、情報としてほとんど役に立たないのである(「公共放送」だからなのだろうが、視聴者はわざわざNHKのHPから自分で調べなければならない)。

二〇一六年のウィンブルドンで、錦織圭《にしこりけい》の四回戦の相手はマリン・チリッチだった。直前の大会で左脇腹を痛めた錦織は、その痛みに耐えて三回戦までよく勝ち抜いたが、四回戦ではとても試合ができるような状態ではなかった。試合直前のウォーミングアップを見れば一目瞭然だった。中継進行のNHKのアナウンサーと解説者の話を聞いていて唖然とした。ふたりとも錦織の状態は当然わかっているのに、それを口にするのは憚《はばか》られるとでも思ったのか、アナウンサーが「相手のサービスのコースを見極めたいですね」といえば、解説者は「（挽回《ばんかい》するための）対策を立てたい」だの「戦略を考えたい」だのと、ふつうの解説をしたのである。「見極める」もへちまもない。「とても試合ができる状態ではないですね」となぜいえないのか。こんなアナウンサーや解説者ならいらない。

テレビ東京の「ＹＯＵは何しに日本へ？」はおもしろい番組なのだが、テレビスタッフにたまにとろいのがいる。来日外国人に密着取材を頼み込むのに、「密着させてくださいというお話をしたら、密着させてくれたりしませんか？」というのだ。謙虚さが腰を抜かして、どんくさくて、聞いていて腹が立つ。ひとこと、「取材させてくれませんか」といえばいいのだ。綱取《つなと》りに意欲を示す稀勢《きせ》の里《さと》に向かって「横綱になりたいですか？」と訊いたアホ記者もいた。二〇一六年度のＡＦＣフットサルクラブ選手権で名古屋オーシャンズが優勝したとき、主将へのインタビューで、「優勝した結果についてどう思いますか？」と訊いたマヌケ記者がいたのにも驚いた。「うれしいです」以外になにがある？

リオ五輪で卓球の水谷隼《みずたにじゅん》選手にインタビューした女子アナ（記者なのか？ どこの局かは

不明）もひどかった。あらかじめ考えていた質問を事務的に棒読みするだけで、水谷選手の返答などまったく聞いていないのだ。素人並みの女子アナもいる。朝四時過ぎ、TBSのニュースを観ていたら、渋谷のスクランブル交差点が映し出され、ひとりの女子アナが「雨はしっかり降ってますね」というと、もうひとりの女子アナが「人はちょろっといますね」と応じたのである。雨は「しっかり」降るものなのか。人は「ちょろっと」いるものか。ふだんの女同士の私的な口調が出ているのだ。こんな女子アナも全然いらない。

なんだかもう、だれもかれもがデタラメである。なにがアナウンサーは言葉のプロです、だろうか。小田実《まこと》は昔、「人間みなチョボチョボや」といった。たいていの人間は属性を一皮むけば、まったくそのとおりなのだが、新聞社やテレビ局、記者やアナウンサーという属性の立派さと、露見した人間の軽薄さとのギャップがひどすぎるのである。

二〇一六年三月十六日、ヌスラ戦線に拉致《らち》されていた安田純平氏の動画が公開された。しかし、メディアはどれもこれも「安田純平さんを名乗る男」「安田純平さんと見られる男性」と紹介した（わたしが見たのは、ネット上の朝日新聞デジタルと、毎日新聞夕刊。毎日は見出しでは「安田さん」と書くが、記事では「と名乗る男性」「と見られる男性」と「安田さん」を曖昧に併用)。なんだろう、この情けないへっぴり腰は。社内のだれが、どんないきさつで、そんな呼称でいこうと決めたのか。かれが安田純平氏でない可能性がどれだけあるというのか。無難が一番で、くだらぬところで妙に厳密なのだ。

二〇一五年六月、東海道新幹線で焼身自殺事件があった。テレビのワイドショーではうろたえて、早速「新幹線の安全神話」が崩れたと騒いだ。しかしこの事件は新幹線側の罪でもなんでもない。なのに番組は、「運転士の危機管理」はどうなっているのか？　今後の「安全対策」はどうすればいいのか？　と慌《あわ》てふためき、これからは乗客の手荷物検査が必要なのではないか、とばかなことをいい出す始末だった。ユーロスターや中国の高速鉄道ではやっておるぞ、といっていたが、国情がまったくちがう。そんなことをいえば、在来線やバスなどの公共交通機関のすべてで検査が必要になる。あまりのばかばかしさに議論はまったく広がらなかった（排煙装置は設置されることになったのだったか？）。日本のマスコミはなにかあるとすぐうろたえて、いつも羹《あつもの》に懲《こ》りて膾《なます》を吹《ふ》きすぎるのだ。

華やかなテレビのブラックな裏側

堤未果《つつみみか》の『沈みゆく大国アメリカ――〈逃げ切れ！　日本の医療〉』（集英社新書）によると、情報に関する日本人のテレビ依存度は際立《きわだ》っている。「国民の日常的情報源」の米国・ロシア・韓国・ドイツ・日本の比較によると、テレビは日本が九三・六パーセントで断トツ、新聞も七二・六パーセントで断トツ、ネットは三四・八パーセントで四位。メディアの信頼度でも、一位はＮＨＫ、二位は新聞、三位は民放テレビ、四位ラジオ、五位がインターネットである。「私たち日本人は、世界でもっとも大手マスコミの情報を信頼する国民」なのである。

なかには新聞を熟読する人もいるだろうが、わたしたちがいかにテレビから影響を受けているかがわかる。メディアリテラシーがいわれても、報道もおそらく鵜呑《うの》みである（しかたないことだ）。テレビで紹介された本はすぐアマゾンのランキング上位に登場し、商品は店から払底《ふってい》し、料理店には翌日に行列ができるのである。トイレットペーパーが品薄という噂《うわさ》が広がり、メディアでそれが報じられるとパニックになり、多摩川にアザラシの「タマちゃん」が出現すると車を飛ばして見にいき、なにかが世界遺産になると、昨日まではまったく興味がなかったのにツアーバスで殺到するのである。

テレビはインフォテインメント、つまり情報娯楽産業である。商品を売っているのではないから売上高などなく、頼りは企業の広告費だから、その獲得のためにはなんだかんだいっても視聴率の高低が唯一の基準となってしまう。視聴者に観られなければ意味がないから、真実よりもおもしろさが優先するのは当然の成り行きである。局にとっては違法や真っ赤なウソでないかぎり、「盛った」だけのウソくささなどどうということもない。恐いのは視聴者に飽きられることだけだから、つねに新しい人間や珍奇な事象が求められ、人もネタも言葉も企画もすべて消耗品とならざるをえない。一発屋芸人、オネエタレント、グラビアアイドル、戦場カメラマンなどは一時的な「見出し」、池上彰《あきら》や林修《おさむ》や坂上忍はやや賞味期限の長い「見出し」といえなくもない。

そのテレビ業界の古い体質や下請けいじめやインモラルについて、弱小制作会社のADとして一年間働いた葉山宏孝が『AD残酷物語——テレビ業界で見た悪夢』（彩図社）で暴《ばく》露《ろ》している。ＡＤとは「助監督」の意だが、映画業界でも助監督（名前だけは立派）はただの便利屋や使いっぱしりであるのとおなじで、この本はテレビ業界の「奴隷」的なＡＤの実態を書いて貴重である。雑情報で薄々そうだろうなとは思っていたが、ＡＤの現場は聞きしにまさるひどい状態である。

「はじめに」を読むだけで、その前近代的なひどさがわかる。「休みなんて１ヶ月に２日とれればいい方」。ドラマの制作現場に入れば「約３ヶ月もの間、１日も休みなく朝から晩まで働き続けなければならない」「１日の勤務時間が15、６時間の日々が続く」「制作現場は古臭い根性論や体育会系思想が蔓延しているので、上司には盲目的に従うことが要求される。ＡＤの扱いは奴隷となんら変わらない」「残業代など1円も出ないのが当たり前。給料は大卒で20万程度。局員との年収格差は３～４倍にもなる」。定期代が出なかったり、番組制作上必要な物品を自腹で買わせられたり、健康診断すらない制作会社もある。

テレビ番組の制作現場では、「上位の者が絶対的な権力を持って下位の者を支配するといった、封建主義的な思想が蔓延している」。そのための身分制度の序列が、高校や大学の体育部、いや旧陸軍の内務班のように、チーフプロデューサーは「神」、プロデューサー、チーフディレクター＝「貴族」、アシスタントプロデューサー、ディレクター＝「平民」、そして最下層のADは「奴隷」と見なされている。出演者は大物か並かによって、「貴族」の上か下かにわかれるのであろう。いずれにせよ、この身分制に応じて永遠の暴利・収奪構造ができているはずである。

バラエティ番組の観覧者は、ほとんどがエキストラ会社から派遣された「プロのお客さん」である。「スタジオにいるスタッフは、出演者のトークにいちいちオーバーリアクションをとり、「大して面白いことを言っていないのに、なぜかゲラゲラと大声をあげて笑うのだ」。「犠牲になっているのは何も若手ADだけじゃない。ディレクターもそうだ。特権階級の局員に罵声を浴びせられ、徹底的に絞りつくされる。……テレビ局員と制作会社の社員は、まるで資本家と奴隷のような関係だ」

テレビの表側にこんな裏側の事情はまったく出てこない。表側は華々しい芸能人やタレントや芸人やタレント気取りの女子アナウンサーで満ちていて、笑顔や笑い声が絶えない。ブラック企業の実態をニュースや特集で取り上げたりするが、どこまでも他人事《ひとごと》である。そんなニュースを報じているとき、だれかは覚えていないが、ある芸人が「テレビも似たようなところあるよね」というと、他の芸人が慌てて「まあまあまあ」とうやむやにしようとしたことがあった。テレビの華やかな表側はあくまでも、裏側の奴隷的下請け労働者にささえられていることを隠したウソの世界である。

あらゆる場所に「小帝王」がはびこる

二〇一五年十二月、二十四歳の電通の新入女子社員が、残業月百時間を超える過酷労働に苦しんで自殺した。この事件に関連して、籏智広太《はたちこうた》という人がネットに「電通過労自殺『私のことかと』――長時間労働にセクハラ、テレビ局で働く20代女子のリアル」という記事を書いた。籏智氏が取材したテレビ局勤務の二十代の女性は、事件を「自分も同じような働き方をしていた」ので「まるで私のことかと、思いました」と語ったという。

彼女の仕事の仕方は次のようだった。毎日一時二時まで働き、土日出勤は当たり前。椅子で寝たりしてつねに睡眠不足がつづいていた。「マスコミってやっぱり、世間から見たら働き方が普通じゃない気がしています。午前1時や2時まで働いて、夜遅くまで飲み会をするのが頑張っていることみたいに、思いがちなんじゃないんでしょうか」。これはマスコミ業界一般の体質だと思われる。そんじょそこらの並のサラリーマンとちがい、おれたちは潤沢《じゆんたく》な金を豪快に蕩尽《とうじん》でき、時代の先頭を走る無頼《ぶらい》集団だという特権的選民意識があるのではないか。だから、深夜の飲み会には侍《はべ》る女がいなくてはならない。

彼女は、代理店や得意先を接待する飲み会の多さが過酷な仕事に追い討ちをかけたという。「年末は土日も含めて、月のほとんどが飲み会で埋まってしまったこともある」。二次会から呼び出されることも多く、別の飲み会が早めに終わって家に帰れたとしても、電話が鳴って、「代理店の先輩から、『いまから六本木な』」と呼び出される。女子も部下も自分たちの自由になると思っているのだ。セクハラはもうあたりまえ。籏智氏はこう付け加えている。「体を触られることもある。太ももやお尻、ひどいときは、股間まで手を伸ばしてきた人もいた。いくら、嫌がってもだ」

彼女は「繁忙期は、飲み会が終わったあと、会社に戻って仕事をすることもあった。そうしないと、仕事が終わらないからだ」。営業部門に配属されたころ、彼女は上司からこういわれたという。「いい給料をもらっているんだから、多少の理不尽は我慢しろ」。深夜に及ぶ仕事や、飲み会への呼び出しや、セクハラ被害を見ていると、彼女はＡＤではないのかと錯覚するが、「いい給料をもらっている」というからには、女子アナ職とは関係のない内勤のテレビ局員だと思われる。「いい給料をもらっているんだから、多少の理不尽は我慢しろ」というのはとんでもない言《い》い草《ぐさ》である。「いい給料」と「理不尽」とはなんの関係もありはしない。

山本七平《しちへい》はかつてこういうことをいっていた。恐ろしく正確である。「複雑な現代社会は、あらゆる所に『生殺与奪』の権を握る公的ないしは私的な権力をもつ小帝王を生じうる。人事権、許認可権、それにまつわる賄賂や情実、それらが新聞記事などになると、私はときどき、『ウーム、こういう人のもつ権力は、行使しうる範囲が昔の帝王より狭いというだけで、その権力の強さは昔の帝王以上かも知れないな』と思わざるを得ない。だが同じことは、経営者にもいえるし管理職にもいえる。それらの権力は、時にはある一家族を地の果てに追放し、ある人間を自殺に追い込むほど強力である」（『帝王学――「貞観政要」の読み方』日経ビジネス人文庫）。

どの世界にも、先輩、上司、得意先という「小帝王」がはびこっている。いまや親や消費者のなかにも「小帝王」がいる。いや、わたしはどんな地位に就《つ》いてもそんな愚か者にはならない、という人がほとんどだろうと思う。だが、自己規制は案外脆弱《ぜいじゃく》である。おだてられているうちに、そのように遇されることがあたりまえだと思うようになる。人間の機微《きび》をわかっている山本はこう書いている。「いかなる賢者も権力をもてばおかしくなり『三年でバカになる』という諺《ことわざ》もある」（同書）。むろん、これは個人の性格であると同時に、企業や社会の体質の問題でもある。

『AD残酷物語』に戻る。退職するベテランADに葉山宏孝が訊く。「どうして辞めようと思ったんですか?」。かれはめずらしく後輩ADから「慕《した》われていた」人だ。このように答えた。「色々あるけど、テレビの世界に入ってから心から尊敬できるような人に1人として出会えなかったこと。これが大きいかな」

テレビ局ではADがまるで消耗品のように扱われているという。すこしでも音《ね》を上げると、根性なしと罵倒《ばとう》される。女性ディレクターがADに「何おめー先に帰ってんだよ」と怒鳴《どな》る。いったいどんな女だ? 怒声や暴力や女性ADへのセクハラが横行し、使い走りは日常茶飯事《さはんじ》。集団リンチもあった。

ＡＤを一年やった葉山宏孝は、仕事を辞めたあと「燃え尽き症候群のようになってしまった」「テレビをつけても、さっぱりおもしろくなかった。制作会社入社前後で、私のテレビの見方は明らかに変わった。バラエティをつけても、苦悶の表情を浮かべるＡＤのことばかりを連想してしまう」。周囲には「ブラック企業なんていう言葉があるけど、一部大手除いたら制作会社なんてほとんど該当するぞ。いわばブラック業界だ。あんなところに就職するなんてバカげている。絶対に止めろよ」と触れ回った。

「また、テレビの情報を鵜呑みにしなくなった」。葉山にはこういう経験があったからだ。ロケの前日にダイエットに効果のある食品を調べろといわれ、本を買って「ささっと調べた付け焼き刃《やいば》の知識が、ほぼそのまま全国に流れてしまったのだ」。「テレビは一度カラクリを知ってしまうと、もうまともに見ていられなくなる。もちろんすべての番組のリサーチがそうではないと思うが、過信は禁物だ」

葉山宏孝がＡＤとして勤務したのは、いまから十年前の二〇〇五年四月から翌年三月までの一年間である。しかし、いまでも「肉体を限界まで酷使することがＡＤの美学」は生きているのだろうな。なぜなら「テレビってそういうもんだから」。

第二章

平然とウソをつく
ハレンチな輩たち

ウソをつくのは人間である

テレビでＣＭを打ち、知名度のある会社だからといって、いい会社とはかぎらない。どんなに有名な大企業であっても、その会社がいい会社であることを保証しない。ＨＰでいくら立派な経営理念を掲げていても信用できない。国際的であろうと地域的であろうと、世間を欺《あざむ》くろくでもないブラック会社はごまんとある。サービス残業、パワハラ、セクハラから、不当解雇や過労自殺を出す会社までだ。

最悪なのは、社会に向けてテレビＣＭで好イメージを装《よそお》いながら、実際は組織防衛のために従業員をつぶして開き直っている会社である。しあわせな会社（たとえば「未来工業」や、「日高屋《ひだかや》」や、「吉寿屋《よしや》」。いずれもテレビ東京「カンブリア宮殿」で知った）は稀有《けう》なのである。

企業の不正は数えきれない。大事件としては、明治乳業の不正牛乳事件など一連の不祥事、雪印乳業の集団中毒事件、山一證券の粉飾決算、リクルートの贈収賄《ぞうしゅうわい》事件があり、最近では、歴代社長三人が辞任した東芝の不正会計処理問題がある。消費期限偽装や食品の産地偽装まで入ればきりがない（食品製造時における異物混入は、あってはならないが、ある意味しかたがない）。粉飾決算は株主や市場への背信《はいしん》であるが、一般人にはほぼ関係がない。消費者に害を与え、そのことを言を左右にして言い逃れようとする企業はタチが悪い。

二〇一五年九月、フォルクスワーゲンの排ガス規制逃れの偽装データ問題が発覚した。あのＶＷが、ということで世界的な大問題になった。二〇一六年四月には、三菱自動車で燃費データの偽装が発覚した。三菱は以前にも二回のリコール隠しをやっており、懲《こ》りない「隠蔽《いんぺい》体質」が批判にさらされた。燃費データの不正はまだしも、事故につながりかねないリコール隠しは欠陥車を放置したわけだから悪質である。二〇一五年十月、旭化成の子会社の旭化成建材のマンション杭《くい》打ち工事のデータ偽装も重大である。いずれも会社の信頼性が損なわれる問題だが、ＶＷや三菱自動車の虚偽が軽微というわけではない。被害の実害の軽重からいえば、旭化成建材はよほど悪質である。

企業の良否の基準は、商品や製品の優劣だけではない。その会社の人間の優劣にもある。商品の不具合を隠して売るのは人間である。けっして安くはないのに、下取りをするからこんなに安いとごまかすのは人間である。消費者に不利益な条件を気づかれないように契約書に芥子粒《けしつぶ》のような字で書くのも、ウソの口実で金融機関が手数料を取るのも、料理店やホテルが意味不明なサービス料を取るのも、迅速な修理を約束しながら履行《りこう》しないのも、手抜き工事をするのも、すべて人間である。

会社がウソをつくのではない。言葉が勝手にウソをつくのでもない。ウソの引《ひ》き鉄《がね》を引くのは人間である。「いいからこれでいけ、おれが責任をとる」と、責任なんかとるつもりもない人間が大本のウソつきである。インチキ会社にはかならず最初にウソを是認《ぜにん》し、先導する人間がいる。その人間に「しかたないっすね」と迎合するものがいる。正論が封殺《ふうさつ》されるのは、「おまえは会社の人間じゃないのか」だの「青臭《あおくさ》いことというな」の一言である。それで世間にバレると、馬鹿のひとつ覚えの「第三者委員会」である。

そんな連中が「プロ」を自任する。間違ってはいない。かれらはその道のプロである。プロでなければならない。だからわたしたちは販売されている製品にたいして一定の信頼を置くのである。しかしかれらだけがプロなのではない。漁師も農家もプロである。魚屋も八百屋もプロであり、だから消費者は安心して品物を買うことができる。自転車店も理髪店もプロである。だから安心して乗ることができ、任せられるのである。だがプロにもピンからキリまである。プロとはいえ、利益を出さなければならない。そこで妥当なバランスをとるのがピンである。露骨に利益を優先するのがキリである。

三十代前半のころ、家を探して不動産巡りをしたことがある。わりと大きな不動産屋で二、三の物件を紹介された。すぐ車で案内をするといわれたが、どの物件も希望する条件に合わなかったので「いいです」と断った。すると、その社の幹部らしき相手は（その席には他にもうひとり社員がいた）わたしを説得しようとした。やりとりは口論めいたものになっていき、かれは最後にこういったのである。「われわれはプロですよ」。なにがプロだ、とカチンときたわたしは、数語のやりとりをしたあと、フロアの社員たちが注視するなか、店を出た。自分で「わたしはプロだ」というものではない。

「鯛は頭から腐る」の会社

テレビのCMは今では携帯電話とゲームが跋扈《ばっこ》している。わたしにはどちらも関係ないが、世間では関心が高いのだろう。吉本ばなながこんなことを書いていて、「だめもと許欺」だと怒っている。携帯電話を買うと、前もって「全く必要のない数週間だか一ヶ月だかは無料でそのあと有料になるアプリ」がごちゃごちゃと入っている。で、販売店員は、もしそれが不要なら「後ではずしていただいてけっこうですから」という。しかしそれは「はずし忘れた人や理解できなかったお年寄りから、月々数百円ずつ取れたら大きいよね、うっかり忘れてくれるのに期待しよう、ということだ」（『イヤシノウタ』新潮社）。

そのとおりである。まったく、薄汚いあこぎな商売をするものである。これはアメリカ発の手口なのか、それともガラパゴス日本だけなのか。どっちにしろ、ばか社員（ずる賢い社員）が「こういうの、どうですか？　儲かりますよ」と提案し、ばか上司が「おお、それいいな」ということで決まったのだろう。よく会社もOKを出したものだ。

店員がいくら違うといっても、使用者が外し忘れたり、めんどうくさくてそのままにするのを期待しているのはあきらかである。

そういうことですか？　と聞いてみると「違います、お使いいただいてもし気に入っていただけたらそのままでお使いいただければというプロモーションの一環で親切な気持ちで初めは無料にして楽しんでもらっているんです」と言う。でも、ほんとうにそう思っている人なんてひとりもいない。みんなわかっているのだ。人を騙して小金を稼ぎたいと堂々と言っているようなものだ。

「じゃあ、私はほんとうに使わないので今すぐ外してもらえますか?」というと、応じられないと言う。そして、めんどうくさいおばさんが来たな、という感じになる。

じつにこすっからいことを考える商売人がいるものである(アップルは二〇一六年秋リリースのiPhone基本ソフト「iOS10」から、標準アプリが削除可能になると発表したらしいが、それがどうなったか、わたしは知らない)。親切ごかした名目や言い訳をはじめから考えているというのも、卑しい根性である。どの携帯電話会社もテレビでは芸能人を使っておもしろおかしいCMを流しているが、現場では「契約の二年縛り」や「端末実質〇円」など、ユーザーをだまくらかすことばかり考えているのである。とにかく儲かればなんでもいい、という商売人が多すぎる。

通販で家庭用カラオケ内蔵マイクを売っている。このマイクを二〇万本売ったと実績を誇る会社もある。ばかじゃないかと思う。こんなはた迷惑な商品、ご近所騒音トラブルを誘発するだけである。だいたいどこのばか会社が作っているのだ。密集した住宅街の家庭でカラオケなど歌われてはたまったものではない。買った連中は大音量で歌うにきまっているのだ。二〇万本売ったのなら、少なくともその周囲の前後左右の四軒、合計八〇万の家庭が大迷惑をこうむっていると考えていい。商品企画の段階で「こりゃちょっとはた迷惑な商品ですね、やめませんか」という反対意見はなかったのか。それよりも、「おまえたちはこんなくだらんものを作って、仕事に誇りがもてるのか」と、なぜ社長はいわなかったのか。まあ、いうはずがないな。

会社にとって一にも二にも必要なことは、いまやただの掛け声に堕《だ》しているおそれもあるが、それでもやはりコーポレート・ガバナンス（企業統治）である。すなわちコーポレート・レスポンシビリティ（企業の社会的責任）であり、コーポレート・エシックス（企業倫理）である。コンプライアンス（法令順守）であり、カスタマー・サティスファクション（顧客満足）である（わざわざ「コーポレート」と限定せずに、全部「ヒューマン」で置き換えができるのではないかと思うが、それは人間の本質と会社の本質がちがうからである。会社の本質は結局利益追求である。しかし、利益の追求のしかたというものがある)。

そして、これらの原則を徹底するためには、会社のトップの思想が決定的に重要である。だが、鯛《たい》は頭から腐る。わざわざこれらの原則が強調されるのは、逆にいえば、会社は容易にこれらから逸脱するということである。これらの原則を守るのも骨抜きにするのもトップ次第である。下士官や兵がいかに世界的にみて屈強・優秀でも、大将や参謀がアホだとどうにもならない。旧日本軍にかぎった話ではない。自分の収入だけはちゃっかり確保しておいて、人件費を圧縮するのが経営者の手腕だと考えている、経営者の資格がない経営者が多すぎる。とにかく長時間働くことが仕事、と考えている無能な上司が多すぎる。

だが、世界にはまれにこういう経営者もいる。アメリカにある社員一三〇人の小さなカード決済代行会社(グラビティ・ペイメンツ社)の話だが、三十歳のCEOが一〇〇万ドル(約一・一億円)の自分の報酬を七万ドル(約七九〇万円)に下げ、全社員の最低賃金をおなじ七万ドルに引き上げたのである。その結果、鯛全体は生き生きとし、翌年に業績は二倍になり、一一人の社員に子どもが生まれ、一〇人が結婚した。それに伴い、社員の消費活動も活発になったという。会社には前記の諸原則以外にもうひとつ、エンプロイー・サテイスファクション（従業員満足）も必要ということである。

表はウソで裏がホント

社会の表層（議会、講演、新聞、テレビ、雑誌、本など）では、「民主主義」「弱者救済」「対話」「報道の自由」「社会の木鐸《ぼくたく》」「職業倫理」「男女平等」「やさしさ」「共生」「家族が一番」「幸福を追求する権利」「人権」「公平」「法治主義」「正直」「愛」「平和」「利他」「正義」「責任」「格差是正」「論理的思考」などなどの立派な言葉が飛び交っている。名目だけでも、正しさが正面に立てられるのはいいことである。

が、その深層では（表層を一皮むくと）、立派な言葉はただのお題目となり、実際の現場では、権限を手にした驕慢《きょうまん》と、エゴと、男女差別と、ハラスメントと、蔑視《べっし》と、保身と、寄らば大樹《たいじゅ》と、阿諛《あゆ》追従《ついしょう》と、役得《やくとく》と、言い逃れと、弁解と、硬直した主義と、嫉妬と、因習と、劣情などなどのでたらめが蠢《うごめ》いている。弱肉強食の顔も覗《のぞ》いている。

「議論が大切」といわれる。しかし、実際には、人の話をさえぎってまでも、自分の主張を一方的にまくしたてようとするだけである。「黙れ、おまえ」と女性の政治学者に怒鳴る若い中国人経営者もいる。「なるほど。あなたが正しい。わたしが間違っていた」という人をひとりも見たことがない。「自由な議論」はあるだろう。しかし反対意見は出しにくく、結局、上司の意見や声のでかいやつの意見が通る。

コンビニの新商品開発で、社長以下幹部たちが味見をしている場面をテレビでよく観るが、社長が味覚のエキスパートであるはずがない。味覚に関してはただのおっさんではないか。これはただ「責任問題」解消のための儀式なのだろう。シングル親への理解は以前よりはましになった。しかし支援対策はいかにも不十分である。いくら「やさしさ」や「公平」がいわれようと、パワハラやセクハラや児童虐待はなくならない。

テレビの表側（画面の中）は華やかである。が、その華やかさ（おもしろさ、楽しさ）は多かれ少なかれ演出されたものである。というのも前章でふれたように、テレビは視聴者の目を引かなければならないからである。ドキュメンタリー番組やニュースはその弊が少ないが（皆無《かいむ》ではない）、ワイドショーやバラエティ番組は演技がてんこ盛りである。「本音」番組も本音がいえるわけがない。タレントが発する疑問にたいして、池上彰が満を持していたかのようなしたり顔で、「いい質問ですねえ」というのも、質問はあらかじめ台本に書かれているのである（見たことはないが、そうに決まっている）。

和田秀樹がこんなことを書いている。テレビのある健康番組で「脳の老化予防の話を2回したところ、評判がよかったので3回目という話になったのですが、さすがにもうネタがありません。そこで、プロデューサーが健康雑誌に取り上げられた健康法を持ち出してきて『これをしゃべってくれませんか』と言うのです。とてもじゃないが医学的根拠のない話でしたから断ると、仕事を干されてしまいました」「その手の健康番組にレギュラー出演している医者が、いかに台本どおりにしゃべらされているかということが、よくよくわかった一件でした」（『テレビの大罪』新潮新書）。

もうだれもがわかっているように、テレビはより単純に、しかしより刺激が強く、よりセンセーショナルな方向にもっていこうとする。一言でいえば「針小棒大《しんしょうぼうだい》」である。取るに足らないことをさも重大であるかのように表現するのだ。演出や演技というのはウソということである。悪質なウソではないが、少なくともほんとうのことではない。粉飾である。『ＡＤ残酷物語』のようなテレビの裏側の事情が表に出てくることはめったにない。表は「役割」の世界で、しかたないじゃないか、といえばいえる。それでも、ホントに見えるテレビの表側はウソであり、裏にテレビのホントが隠されているのである。

中国のパクリ文化を嗤《わら》う。韓国の橋梁《きょうりょう》崩壊での建築の杜撰《ずさん》さを揶揄《やゆ》する。リオ・デ・ジャネイロの五輪施設建設の遅延を苦笑しながら報道する。ひるがえって、我が国の「ものづくり文化」の質の高さを誇る。たしかにそうではあろうが、築地市場の豊洲《とよす》移転問題、東京五輪の総費用の激増などのだらしなさを見れば、手放しで喜ぶわけにはいかない。日本の人口減少が憂慮《ゆうりょ》されてから久しく、二〇〇八年から現在まで、自民・民主党政権下で一七人ほどの少子化担当大臣が入れ替わった。優秀な日本人だから政官民力を合わせて有効な政策が立てられるのかと思っていたが、こんにちまでなんの実績もない。「一億総活躍社会」も表だけの掛け声で終わりそうである。

おエライ新聞記者様は遁走する

二〇一一年三月十一日に東日本大震災が起きた。ニューヨーク・タイムズ東京支局長のマーティン・ファクラーは、同月二十四日、南相馬市の桜井勝延《かつのぶ》市長が、YouTubeで地震と津波と福島第一原発事故のせいで、町に物資もガソリンも入ってこず、二万五〇〇〇人の市民が孤立している窮状を訴えているのを知って、南相馬市に向かった。

ファクラーが市役所に入ると、職員たちから「ジャーナリストが来たぞ!」と大歓迎を受けた。「なぜこんなに喜んでくれるのか」とファクラーは驚いた。被曝することを恐れたのか、「南相馬市の窮状を世のなかに伝えるべき日本人の記者はすでに全員避難して、誰ひとりいなかった」のである。市長がいった。「彼らはみんな逃げてしまった!」。ファクラーはこう書いている。「あまりにもエリート意識が強すぎ」、高給取りの日本の新聞記者たちは、「普段は記者クラブを拠点として役所の情報を独占しているのに、最も肝心なときに取材を放り出してしまったのだ」(『「本当のこと」を伝えない日本の新聞』双葉新書)。

これは恥ずかしい。危機に直面したときの日本人の新聞記者たちの正体が見抜かれている。なにかあると「報道の自由」の侵害だと大騒ぎをするくせに、いざとなるとその「自由」を自ら放り出して平気なのだ。ファクラーは、日本の新聞やテレビの記者は、ただプレスリリースを報じるだけだという。「国家存亡の一大事に際しても、メディアは従来どおり、プレスリリースをそのまま報道するかのような姿勢を変えることはなかった」「自らが疑問を抱き、問題を掘り起こすことはなく、何かしらの『お墨付き』が出たところで報じる。これでは『発表ジャーナリズム』と言われても仕方がない」。日本経済新聞はクォリティペーパーとして信頼されているようだが、「まるで当局や企業のプレスリリースによって紙面を作っているように見える」。それではただの「企業広報掲示板」だ。

かれらは「読者（庶民）の側に立たず、当局（エスタブリッシュメント）の側に立って読者を見くびる」。かれらは、官僚は省益を優先するとして批判するくせに、自分たちは「記者クラブ」という閉鎖的・排外的な既得権益にしがみついている。なぜなら、とファクラーはいっている。「ある新聞だけに特ダネを握られたら困るから、記者クラブのみんなで話し合って特定の新聞だけが違う方向へ向かわないようにする」。それに「自分だけ情報をもらえなくなっては困るから」記者クラブのなかで結束する（ファクラーは日本の記者たちを批判ばかりしているのではない。福島第一原発の真実に迫った朝日新聞の「プロメテウスの罠」というシリーズ記事は「着眼点も取材内容も素晴らしい」といっている）。

時代錯誤の「おれを誰だと思ってるんだ」

二〇一六年七月の東京都知事選において、猪瀬直樹《いのせなおき》が、「各級議員（親族等含む）が、非推薦の候補を応援した場合」は「除名等の処分の対象にな」る、とする自民党都連の文書を公開した。五大紙は猪瀬ひとりにスクープをすっぱ抜かれたのである。同時に猪瀬は、都連幹事長で〝都議会のドン〟内田茂の存在をあきらかにした。猪瀬は、都庁記者クラブはなにをやっていたのかと怒ったが、たぶん内田議員は〝アンタッチャブル〟だったのであろう。記者たちは一行でも内田の権勢や黒幕ぶりを書くと、それ以後、都議会の取材ができなくなることを怖れていたのではないか。「報道の自由」の自己萎縮《いしゅく》である。

南相馬市から日本の記者が全員引き揚げたのは、放射能事故が起きたときに、各社には「この圏内に入ってはいけない」という「内規」があったからだ、と上杉隆《たかし》が書いている。「時事通信社は六〇キロメートル、朝日新聞社や民放各局は五〇キロメートル、ＮＨＫは四〇キロメートル」

そんな「内規」があるとは、まったく知らなかった。もちろん「記者にも逃げる権利はある。入らないなら、それでもかまわない」。しかし「なかには、『安全です』と応じておいて、みずからは五〇キロメートル圏内に入らないばかりか、家族を西日本などへ避難させた者もいた」。しかも、日本の新聞は「政府発表の『避難地域は二〇キロメートル圏内』、よって、それ以外の地域は安全だと報じ」ておいてである。「いまの日本の既存メディアにもっとも当てはまる肩書は、『政府広報』だろう。そのような彼らでも、自称『ジャーナリスト』なのである」（『新聞・テレビはなぜ平気で「ウソ」をつくのか』PHP新書）。

なにもシリアの戦闘地域の最前線に行ってこい、というのではない（そういう日本人のフリージャーナリストもいる）。いや、わたしは南相馬に行ってきます、という記者はいなかったのか。よし行ってこい、という上司はいなかったのか。上杉隆のつぎの言葉は日本の記者にとっては耳が痛いにちがいない。「海外のジャーナリストが忠誠を誓う対象、それは自分が取材して信じた『真実』にほかならない」「一方、日本の記者は『会社』に忠誠を誓う」「そこで重要となるのは、多様な意見や価値観の提示ではなく、あらかじめ全体で意思を統一した『社の方針』である」

上杉はさらにこういっている。「日本のマスメディアは『ウソ』に対しては寛容だが、『間違い』は絶対に認めない。一方、海外メディアは『間違い』に対しては寛容だが、『ウソ』は絶対に認めないのである」（ファクラーもこういっている。「大切なのは、すぐに間違いを認め、訂正すること。新聞にとってなにより優先すべきは読者からの信頼だからだ」前掲書）。なのに、かれらは自分たちをさも当然であるかのように「社会的な特権者だと思い込」み、「世の中を動かすプレイヤーであるという錯覚に陥」っている。

その一、二の例。二〇一一年九月、マスコミが捏造《ねつぞう》した報道によって辞任を余儀なくされた民主党の鉢呂吉雄《はちろよしお》経済産業大臣に、「辞任の理由を説明しろっていってるんだよ」とごろつきまがいの口調で怒鳴る時事通信社の記者がいた。周囲から非難されると、かれは会場から逃げようとした。また、橋下徹《はしもととおる》大阪市長（当時）が京都市役所で演説をしている最中、車のすぐ近くにまで近づこうとして、係員から拒絶されると、「おれを誰だと思ってるんだ。朝日新聞政治部の記者だぞ」という記者がいたのにも驚いた（YouTubeで「俺を誰様だと思ってる」「朝日新聞」と入れるとその動画が見られる。かれもまたカメラを向けられると急に丁寧な対応に変わり、遁走《とんそう》した）。どうせ戦後の昭和生まれの男なのだろう。こんな時代にまだそんな古臭い尊大な人間がいるとは驚きだが、いるところにはいるのである。

独自の調査報道で、桶川《おけがわ》ストーカー殺人事件では警察より先に犯人を特定し、足利《あしかが》女児殺人事件では菅家《すがや》利和《としかず》氏の冤罪《えんざい》を晴らしたジャーナリストの清水潔は、警察とマスコミのもちつもたれつの相互依存関係を痛烈に批判している。「マスコミが『お上』という『担保』によりかかってしまい、右から左に情報を流すだけになってしまったらどうなるか」「公権力と大きなメディアがくっつけば、こうも言いたい放題のことが世の中に蔓延していくのか」（『殺人犯はそこにいる――隠蔽された北関東連続幼女誘拐殺人事件』新潮文庫）。しかも、もっと悪いことは「警察は、都合の悪いことは隠す」。もちろん警察だけではない。政府も官僚も検察も「都合の悪いことは隠す」。

「今後30年に起こる地震の確率」といわれても

テレビ局も一応は報道のプロであろう。ところが、二〇一六年四月十四日に発生した熊本地震の際、テレビ中継におけるＮＨＫや民放キー局の報道の無様《ぶざま》さに驚いた。ほんとうに「一応はプロ」でしかなかったのだ。

落ち着いて行動せよ、ガス、火の元、火傷に注意、靴を履《は》け、お互いに声をかけよう、けがをしないように、塀《へい》の近くに立つな、などなど、マニュアルを読み上げるだけなのはしょうがないとしても、中継の混乱や私語の混入、中継映像を見ながらのスタジオの連中の適当なコメント、小さな壁の剝落《はくらく》やコンクリートの散乱や倒れた看板などを大げさに伝える街中の記者、熊本のテレビ局ではスタジオのなかでひとりだけヘルメットを被ってニュースを読むまぬけなアナウンサーなどなど、見ていてまことに頼りない連中ばかりであった。映像を全部見てれば、こっちにはわかるのだ。

ニュースを読み上げることだけは訓練をしているのだろう。しかし、不測の事態に投げ込まれ、いざ自分の言葉で伝えなければならなくなると、テレビのアナウンサーや報道記者たちは、狼狽《うろた》えてしどろもどろ、まるで素人同然である。驚いたのは、家屋の下敷きになっているであろう被災者に向けてなのだろう、「どうか声をあげてください」とほざいたアナウンサーまでいたことだ。こんな忠告にどんな効力がある？　それともこれまた、地震の時の「アナウンス・マニュアル」みたいなものに、そう告げること、と書かれているのか。〝だって下敷きになってラジオを聴いている被災者がいるかもしれないからね〟と。

わたしたちは、東京直下型大地震や南海トラフ巨大地震がいずれやってくる、と聞かされている。明日来てもおかしくはない、死者は何万人、被害はこれこれ、津波はこのへんまでやってくるぞ、と、ご丁寧にも、おどろおどろしいCG映像と共に吹き込まれている。それがどうしたとは思うものの、昔なら、地震が来てもすぐにおさまるだろうで済んだものが、今では地震が起こるたびに、むむ、今度こそはあの本物の、ついにあの破滅的な大地震が来たのか？　と身構える癖がついてしまって、余計な不安を背負い込むことになってしまったのである。これが腹立たしい。

大地震の予測を伝えることは予防対策を立てるためというが、ただ不安をかきたてるだけの役目しか果たしていないのではないか。地獄絵図みたいなCG画像を見せられて、いったい一般の人間にどうせえちゅうのかね。

二〇一四年十二月十九日、東大地震研や防災科学技研の研究者から成る政府の地震調査委員会が、阪神淡路大震災を事前に警告できなかった反省から、首都圏のこれからの地震の発生確率を発表した。それによると、今後三十年以内に震度六以上の地震が発生する確率は、東京都庁では四六パーセント（前回の二〇一三年度版では二六パーセント）、横浜市役所が七八パーセント（同六六パーセント）、さいたま市役所が五一パーセント（同三〇パーセント）、千葉市役所が七三パーセント（同六七パーセント）と大幅増になっている。

この発表を受けて、『週刊現代』は記事を書き、このように締めくくっている。「明日、明後日にも起こるかもしれない巨大地震。もはや首都圏に住んで安穏としていられるレベルではない。思い切って、いますぐ首都圏を逃げ出し、今回の想定で地震発生確率の低い北海道西部（札幌、函館0・9％、旭川0・4％）や山陰地方（松江2％、鳥取5％、山口4％）、九州（福岡、佐賀、熊本8％、長崎5％）に移住することを真剣に検討してもよい段階だろう」（『週刊現代』二〇一五年一月三日・八日号。ネットから引用）。

これは地震調査委員会の意見ではない。調子に乗った無知な記者の、ただ書いてみただけの無責任な記事である。当の記者だって「移住することを真剣に検討し」たはずがないのだ。ともあれ、地震発生確率八パーセントとされた熊本で、二〇一六年四月に震度七の大地震が起きた。甚大な被害がもたらされたが、なにしろ八パーセントの低確率だ、当然のことながら事前の予測はまったくなかったのである。

二〇一六年六月に最新の「全国地震動予測地図二〇一六年度版」が地震調査委員会から発表された。地方自治体と個人は、この予測を「防災意識の向上とそれに基づく効果的な地震防災・減災対策」のために活用してもらいたいといっている。いかにももっともらしいが、実際にはどうすればいいのだ。予測地図にはよくわからない但《ただ》し書きがついている。『今後30年間に震度〇〇以上の揺れに見舞われる確率』が0・1%、3%、6%、26%であることは、ごく大まかには、それぞれ約3000年、約1000年、約500年、約100年に1回程度震度〇〇以上の揺れが起こり得ることを意味しています」

なんだこれ？「震度〇〇以上の揺れ」ってなんだ？千年のスパンでみると三パーセントの確率、五百年のスパンだと六パーセント、百年だと二六パーセントの確率で「震度〇〇以上」の地震が起きるということか。数字が逆ではないのか。「今後30年間」はどこにいったのだ？わたしはばかなのか？結局、地震の予測などできません、ということではないのか。ありがた迷惑な予測図といいたいが、ちっともありがたくはない。ひたすら迷惑なだけである。わけのわからんもの作るんじゃないよ。

二〇一六年六月中旬、函館でマグニチュード五・三の地震があった。これも地震学者たちは当然予知できなかった（十月には鳥取県で震度六弱の地震）。二〇一四年に「札幌、函館〇・九パーセント」と評価された低確率地域である。今後三十年以内、などといって大丈夫なのか？　何万人が死ぬ、というが、いったいなんのための死者数の予測なのか。この発表には、だれの、どんな責任がともなうのか？　しかし、三十年も先のことだしなあ、責任もへちまもあったものではないのである。

わたしはいかなる事態に遭遇しようとも、あなた方（委員会）の責任を問うつもりはない。「今後30年」はいいから、今年や来年の予測をしてもらいたい。しかしまあ、じゃあ来年はこの地方が危ないです、なんて予測をされたところで（できっこないと思うが）、これまたわたしたちにはどうしようもないのだが。

がん治療はなにが正しいのか

もう何年も前から政治や経済の専門家（あるいはテレビのコメンテーター）たちが、北朝鮮は経済制裁で国内が疲弊してそう遠くないうちに崩壊するといったり、中国はバブルがはじけて崩壊するのも遠くないといってきたが、全然そんなことはない。

景気浮揚《ふよう》対策に関して専門家の意見が分かれ、原発推進か原発廃止かについても意見が分かれる。憲法改正は是か非か、集団的自衛権は是か非か、憲法違反か否か、尖閣《せんかく》・竹島《たけしま》・北方領土問題はどうしたらいいのか、死刑存続か廃止か、天皇の生前退位は是か非かなど、ほとんどの問題について、専門家の意見が分裂し対立する。

いずれも大問題ばかりである。もっとわたしたちの生活の問題に引きつければ、がん治療の問題がある。これについても専門家の意見はさまざまである。近藤誠《まこと》医師が「がんもどき」理論を発表して以来、わたしはかれの見解に傾いている（かれはすべてのがん治療が無駄といっているのではない）。当然、近藤理論への反論がある。わたしたち素人は、どちらの言い分が「正しい」のか、判断する根拠をもっていない。

『週刊現代』が十何週にわたって、こんな手術は断れ、こんな薬は飲むな、といった医療特集をやっている。その内容に関する反論が『週刊文春』に載《の》り（『週刊現代』に取材された人が、自分の発言が「歪曲《わいきょく》・加工」「ねつ造」されたと反論）、おい、うちも指をくわえて見てる場合じゃねえぞ、といわんばかりに、『週刊ポスト』は歯科医に特化して医療問題にくちばしをつっこんでいる。これまた読者は「正しさ」を判断することができない。

それに週刊誌はときどきウソをつく。「です」が「だ」に変えられるのはふつうで、江夏豊の主語はかならず「わし」になり、吉田拓郎は「ぼく」としかいわないのに「おれ」になる。ひどいのは、インタビューされた者がしゃべっていないことを勝手に創作したりする。まあそんなことはいい（ホントはよくない）。がん治療に関して、読者は結局、説得力がありそうな見解を、自分の生き方に照らして選択するほかはないのである。そして、その点でも、がんとわかっても無暗《むやみ》に切るな、抗がん剤は避けよ、できるだけ普通の生活をするようにという近藤医師の考えはわたしに合うのである。

近藤誠は『「余命3カ月」のウソ』（ベスト新書）で、医者はなぜ「余命3カ月」というのかについて、こう書いている。

万一、手術の合併症や抗がん剤の毒で患者さんが亡くなったときも、遺族に「もともと手遅れで余命3カ月だったし、難しい手術になると言われてたから仕方ない。先生方は、あらゆる手を尽くしてくださった」と感謝してもらえます。

逆に、患者さんが宣告より長く生きれば生きるほど「先生のおかげです」と、これもまた、感謝。手術したのが「がんもどき」なら再発も転移もしませんから、「先生に手術できれいに取ってもらったおかげで、がんが治った。神の手だ」と称えられます。

「余命3カ月宣告」は医者にとって、いいこと尽くめというわけです。

つまり「余命3カ月」は医者の「リスクヘッジ」というわけである。人の命と天気をいっしょにするわけにはいかないが、天気予報も「注意喚起《かんき》」ということで、「実際より大げさに伝えたがる傾向にある」とTBSの気象予報士がぽろっと口をすべらせていた。大地震被害予測にもおなじものを感じる。いずれも、あとになって医者や病院や気象庁や地震調査委員会なりが、そんなに大きな被害があるとは事前にいわなかったではないか、といった非難にさらされないための予防線という意味で相似形である。

近藤誠は「余命なんて気にしないのがいちばんです」という。しかし、「人間はそんなに強くありません。いったん『余命3カ月』などと具体的な数字を言われると、それが頭にこびりついて、『もう2カ月半過ぎた。今夜眠ったら、そのまま目が覚めないのでは』『呼吸が苦しくなった気がする。食欲も落ちてきた。もうダメだ』等々、不安にさいなまれて、夜も眠れなくなってしまいます」「頭の中で『3カ月』が常に点滅して、命のカウントダウンにおびえ続けなければならないでしょう」。だから「余命を聞かないことです」「初対面で余命を断定して言うなんて無理だし、仮にがんの転移があっても、自覚症状がなくてごはんがおいしければ、がんを放っておいても半年や1年では死にません」

近藤は「病院にふつうに歩いて来た、元気な初診患者さんに『余命3カ月』『余命半年』などと告げる医者はウソつきです」とか、「がん治療にかかわる医者たちの多くは不誠実で、よくウソをつきます」といっている。しかし素人にはそれが「ウソ」かどうかがわからない。マンモグラフィ検査も子宮頸《けい》がんワクチンも無意味。「抗がん剤は大変高価な薬ですから、たっぷり使えば使うほど、病院の収入は増え、製薬会社もうるおう」「がんが実にいろいろな人の『めしのタネ』になっていて、持ちつ持たれつ。抗がん剤は特にもうかるから、拒否する人が増えると困る人が無数にいる」

しかし、患者がその治療を拒《こば》むと、「責任、持てませんよ」「やらなきゃ死んじゃうよ」

「信じられない」「つきあってられん」「違う医者へ行ってくれ」といわれる。これが困る。それを押し切るには相当の覚悟とエネルギーが必要だが、ほとんどの病院が反近藤派なのだろう。痛みがひどくなったら、どこの病院にいけばいいのか。日本には「がんなら抗がん剤治療を受けるのは当たり前」という「風土が完全にでき上がって」いる。しかし「たったひとつしかない自分の体、自分の命です」「自分の頭で考え、自分の意志で判断することです」。そんな無責任な、といいたくなるが、そりゃそうなのである。

近藤誠は、もし自分が進行がんだとわかったらどうするか、と自問してこう書いている。「還暦を超えて、がんにかからないですむと思うのは、『死ななくてすむ』と思うのと同じぐらい能天気です。そして『好きなことに打ち込んで、自由に生きてこれた。いい人生だった。いつ死んでもいいや』という気持ちもあるので、あまりジタバタしないですむのではないか（みっともなく泣いたりわめいたりしたら、お許しを）」。そう、いざとなったらどうなるかわからない。死ぬ間際になって病院に行っても、なぜここまで放っておいたのか、とはねつけられる恐れもあるし。それはさすがにないか？　ありそうだな。

近藤誠はこのあとにこうつづけている。

僕は病院に行かないので、がんがわかるのは「ものが食べられない」などの症状が出て、調べたら胃がんで胃の出口が狭くなり、あちこち転移していた、というような末期段階でしょう。食事、呼吸、排泄だけは損なわれないように、狭くなったところを広げるステント挿入術などをして、痛みは鎮痛剤やモルヒネでコントロールする。

そしてできる限り、今までと同じ生活を続けたい。体力ががんに負けて寝たきりになったら。理想としては、自宅で、身内に看取ってもらうのがいちばん幸せだと思います。

わたしもそれでいい。それでいいもへちまもないが。わたしはとくに「自宅で、身内に看取ってもらうのがいちばん幸せだ」とは思わないが、「できる限り、今までと同じ生活を続けたい」とは思う。「寝たきり」にはなりたくない。そうなる前になんとかしたい。が、まあなんともなるまい。なるようにしかならないだろう。近藤誠は最後に「ふつうに歩いたり、食べたり、人と会ったりできること。あしたがあること。ありふれた毎日を生きられることは、奇跡です」といっている。心の底からまったく同感である。どう死ぬかは、どう生きるかである。しかしあまり恰好《かっこう》つけたことを、わたしはいわないほうがいい。

けれどもほとんどの人は信用できる

ひとりの専門家や医者（病院）や人格者が不祥事を起こすと、もうだれを信じていいかわからないといい、ひとりの政治家が不祥事を起こすと、政治家なんてだれも信用できないといい、首相がころころ変わると、だれが首相になってもおなじだといい、ある政党がへまをすると、どの政党を選んでもおなじだといったりする。だが、もちろんそんなことはない。そういうことをいう人は自分の無知を隠そうとしているだけだ。わたしはここであえてピンからキリの、「キリ」ばかりの「プロ」を集めたのである。

バランスをとるわけではないが、ほとんどの医師は信用できるのである。会社や商品も信用できる。そして商品はおおむね質がいい。ほとんどの人は信用ができ、首相はだれがなるかでちがい、政治家も一人一人ちがい、政党もそれぞれにちがい、いうまでもないことだが、世の大半のこと、大多数の人間は、やはり信用できるのである。

交通事故が多いからといって、車（運転者）が信用できないという人はいない。ほとんどの車は赤信号を守り、横断歩道を渡る人の手前で止まってくれるのである。飛行機が墜《お》ちたから、飛行機（パイロット）が信用できないという人もいない。飛行機や電車や船は時間通りに運航・運行し、安全である。そうでなければ、わたしたちは一日として社会生活を安心して送ることなどできはしない。

人は法律を守り、ぶつぶついいながらも税金を納める。会社員であろうと自営業であろうと公務員であろうと、大半はまじめに仕事をしている。ほとんどの親たちは真剣に子どもを育てているのである。人は、すみません、といい、ありがとうございます、という。喫茶店のウエイトレスやファストフードやコンビニの店員は地道に仕事をし、まじめにティッシュ配りをしている若い女の子もいる。でなければ、戦後日本はここまで発展せず、こんな良質の秩序的社会は成立していないのである。

それなのに、である。そんなまっとうな表面を破って、次から次へと湧いて出てくるボウフラのような連中が後を絶たない。

第三章

「わたしの責任です」の無責任

「これは個人の感想です」の姑息さ

ある日の深夜、なにもする気がなくて、「こりゃもうなにもしたくない病だな」などと思いながら、テレビをあちこち観ていたら、加山雄三《かやまゆうぞう》が出ている番組があった。聴き手はあの徳光和夫《とくみつかずお》である。八十歳の高齢になっても元気満々の、加山の生活についてインタビューをする番組かなと多少の興味を持って観ていたら、チェッ、これが通販番組だったのである。まんまと一杯食わされてしまったよ。健脚《けんきゃく》自慢や日々生き生きと活動をしている中高年の素人さんの生活紹介の番組かと思っていたら、三十分のサプリメントの宣伝番組だったというよくある手の豪華版である。

この番組はサプリメントでも有名なS社のものだった。加山雄三があるサプリの効果を絶賛すると、今度は徳光和夫が、同社の別のサプリを愛飲しているといい、そこへS社の農学博士と称する人が録画で登場してきて、いずれも「生活習慣病対策に自信をもってお薦《すす》めできる」という。加山と徳光も口々に「手放せない」「不可欠」「生活の一部」と、その絶大な効果をほめちぎる。ところが画面の片隅に「これは個人の感想であり、効能ではありません」との文字が、〝できれば見過ごしてね、もし目に入っても気にしないで〟、といいたそうに小さく出ているのだ。加山と徳光が推薦するサプリは二つとも、価格は一カ月分で約四〇〇〇円から五〇〇〇円で、けっして安いものではない。

みなさんお気づきのように、サプリメントや健康器具や美容品や英語教材などのテレビ通販を観ていると、だいたい画面の左上隅あたりに小さな字で、かならず「これは個人の感想です」といった断り書きが出ている。わたしは買うわけでもない（買ったこともない）のに、このやり口がじつに腹立たしい。姑息《こそく》である。いうまでもなく、これは責任逃れの断り書きである。

むろんこの会社にかぎったものではない。ほぼすべて、といっていいほど、サプリメントや健康器具などの通販番組にはつきものである。「個人の見解です」「効果効能を保証するものではありません」「効果には個人差があります」「お客さまの感想であり、効用ではありません」などなど。「ただ巻くだけ」でぽっこりお腹解消という商品（器具?）にも、小さな字で「適切な栄養管理を行った結果です」とあるが、いいたいことはすべておなじである。

番組や宣伝では効果や効能を過大に主張しているくせに、購入者からの「全然効かなかったぞ、ウソじゃないか」という苦情をあらかじめ封じるために、それは会社の見解ではなく、あくまでも「個人の感想」だと逃げているのである。〝これはもしかしたらあなたには効かないかもしれません、でもそれは会社の責任ではありませんからね、だからちゃんと断っているじゃないですか〟というわけである。

番組のなかの宣伝文句や効能があきらかなウソというわけではない。だが商品が商品だから、利用したり服用したりする購買者全員に等しく効果があるともいえない。ウソではないが、完全にホントでもない。あるとき、「なんだ全然効かないじゃないか。金返せ」といったクレームがかなりあったのだろう。そのとき、ウソかホントかわからなかった商品は、ある人にとっては結果的に「ウソ」になったのである。たぶん、それからである。すわ一大事と、以前にはなかった断り書きをいれるようになり、〝なるほど、そういう手があったか〟と、他社も続々追随《ついずい》したのである。

そもそも効くか効かないかがわからない商品、効くとしてもどれくらいの期間使用し、飲みつづければどの程度効いてくるのかも不明なんて商品は、欠陥商品ではないのか。家ならだれでも一〇〇パーセント住むことができ、パソコンも車も一〇〇パーセント動き、食品は一〇〇パーセント食べることができ、衣服は一〇〇パーセント着ることができ、本は一〇〇パーセント読むことができるのである。つまり大概《たいがい》の商品は、効果や性能を一〇〇パーセント享受できるのだ。保証もされている。それにくらべ、決して安くない価格で、堂々と大々的に販売をしておきながら、「効果効能を保証するものではありません」とはどんな言い草なのだ？

もっともらしいウソの無責任

本は、買えば一〇〇パーセントだれでも読むことができる。おれが買った本は半分白紙だったよ、なんてことはありえない。その内容――おもしろそうか、つまらなさそうか、役に立ちそうか、そうでもなさそうか――も、サラッと立ち読みをすることで見当をつけることさえできる。読んでいる途中か、読み終わったあとで、つまらんから金返せ、といっても無効である。帯に「三回、泣けます」と書いてあったが、おれは一回も泣けなかったぞ、といってもしかたがない。それは自己責任である。アマゾンのブックレビューにでも投稿して鬱憤《うつぷん》をはらせばよろしい。

ところがですね、本のなかにも通販商品よりタチの悪い本がある。ある種のビジネス本であり、自己啓発本であり、美容・健康本である。さすがに、一秒で数億円儲かる、といったタチの悪いビジネス書は減ってきたな、と思っていたら、性懲《しようこ》りもなく、五時に退社したら年収が一〇倍になった、だの、成功している人は神社に行っている、だの、バカがやっている成功法則、だのといった本が出ているのである。ふくらはぎをもめ、とか、炭水化物が人類を滅ぼす、といったインチキ臭い健康本は相変わらずである。ひょっとしたらこれはホントなのか、と人に期待させるだけの食わせ本である。

新聞広告で、『難しいことはわかりませんが、「がん」にならない方法を教えてください！』という本があることを知った。このタイトルだけでもう一〇〇パーセントウソだとわかるが、「がん死の9割は防げます！」「1万人以上のがん患者を診てきた医師が教える正しい『がん』の防ぎ方と治し方」という宣伝文句が書かれていて悪質である。「読者からの絶賛の声続々！」として「明日からニンニクとキノコを食べようと思います（64歳・女性）」といった読者の声も載せられているが、バカバカしいにもほどがある。がんに苦しんでいる人は藁《わら》をも摑みたい。そこにつけこんだ卑しい本で、ほとんど犯罪的である。もちろん、なんの効果がなくても（当然、ないのだが）、著者も出版社もなんの責任も取らない。書きっぱなし、売りっぱなしである。

日本で「唯一の発毛剤」を謳《うた》い文句にしているT製薬の「R」という製品がある。どの程度の発毛なのか、証拠を示せ、といいたい。うぶ毛です、というんじゃあるまいな。ほかにもテレビで大々的に発毛を強調しているCMがある。なんとか21、という商品を売っている毛髪会社（毛髪会社ってなんだ？）である。胡散臭《うさんくさ》い社長が出てきたり、CMに女性歌手を使ったり、同社主催の「発毛日本一コンテスト」なるものの様子を映しては、優勝者（一番フサフサになった者）に何百万円もの賞金を与えたりしているのだが、その会社の施術を受けて発毛したのなら、なんで会社が賞金なんかを出しているのだ。このCMを信じて八〇〇万円もつぎこんだ男が、このウソつきが、なんの効果もないじゃないか、と怒って（怒髪、するほど髪がなかったのが無念？）訴訟にもちこんだ。新聞にも載った。結局、返金することで和解したのだったか。

まったくテレビ通販ってやつは

テレビ通販はテレビのなかで一大ジャンルになっている。民放では朝と深夜、ＢＳ民放の深夜は通販だらけである。一年中、通販をやっている専門チャンネルもある。扱う商品はピンからキリである。次のような能書きはキリに属する。高音の声が人気となり、それを意識してさらに高音に磨きをかけ、いまでは引退した社長が興した通販会社Ｊ（第一章でふれた会社とおなじ）の、格安スマートフォンを推す科白《せりふ》が、「スマホは若者ばかりかというと高齢者も使っているんですよ。当社の購買層では五十代で二一パーセント、六十代で四七パーセント、七十代で二一パーセントの人が購入しているんですよ」である。しかし、その会社の通販番組など、元々年寄りしか見てないではないか。タブレット端末もおなじ推薦手口で、口上は「これを使うと人生が変わりますよ」である。よくもこんな適当で無責任なことがいえるものである。タブレットなんかで人生が変わるものか。

ミシェル・ロイドというアメリカ人医師は「アメリカ人のサプリメント信仰のリスク」についてこう語っている（堤未果『ルポ貧困大国アメリカ』岩波新書）。「本来健康というものは、バランスの取れた食事、運動、睡眠の三つで維持されるものです。ですが多くのアメリカ人がサプリメントさえ飲んでいれば大丈夫と思い込んでいるんです」。この女性医師はその信仰の原因を「メディア」だという。「特定の食品を摂れば健康になれると思い込むその流行を『フード・ファディズム』と呼びます。メディアから流れてくる情報は、私たちアメリカ人を強迫観念に走らせるのです。もっと稼がなければ、もっと脂肪を落とさなければ、時間の流れに逆らって、老いに追いつかれないようにしなければ（略）という具合にです」「常に不安をあおるような情報をばらまき続けられた人々は、フード・ファディズムに走り出す」。日本でもおなじである。

まな板もコップも服もカーテンも臭いや黴菌《ばいきん》だらけ、と視聴者を脅かすCMがある。乳幼児をダシにつかって、除菌除菌とさわぐCMもある。わたしたちは、痩《や》せたい、美しくなりたい、健康でいたい、長生きしたい、という欲求につけこまれているのである。健康、長寿、美容における強迫観念を刷り込まれ、そのような欲求自体をいつのまにか持たされてしまったのである。しかし、楽をして、しかも即効で、その欲求を満たしたいというのがよくない。虫がよすぎるのである。

なにがなんでも不利益はこうむりたくない

悪事を働いた人間が問いつめられてとる態度はおよそ、①正直に話す（自供）、②やっていないという（否認）、③なにもしゃべらない（黙秘）の三つである。「なんのことかわかりません、自分はなんの関係もない」ととぼけるのは（韜晦《とうかい》）、②にいれてよい。やったならやりました、と正直にいえばいいと思うのだが、とりあえず犯行を否認する者が半分くらいいそうである。ダメ元で、一回はとぼけてみようということか（逮捕されて、すぐ自供する者と否認する者の割合を調べてみようとしたが、当然わからなかった。正直に認める者は七割くらいはいるのだろうか？）。潔《いさぎよ》く罪を認める犯罪者は、語弊《ごへい》があるが、その点だけに関しては許してやろうという気になる。

ある地位や職務に就くと、人には果たすべき責任が生じる。その職務を果たす責任を負う。親は子どもを養護育成する責任があり、社長は社員の生活を守り、会社を健全に維持発展させる責任がある。政治家や役人は清廉《せいれん》にして国民や市民のために働き、警察官は市民の安全を守る責任がある。社会ルールを破り、法律に違反した者は、その行為にたいする責任を負わなければならない。結果責任である。しかし犯罪を否認する者は、どんな悪党であっても、自分の不利益になることは絶対に我慢ができないのだ。

あっさりとか渋々かはわからないが、犯行を認める者のなかにはそれでも、悪いのは被害者のほうだ、自分はあくまでも正しいと正当性を主張する者が少なくないらしい。悪党のくせに、自分は正しいといいたがるのはおもしろい心理である。人間には「正しさ」そのものへの本能的憧憬《しょうけい》があると思われる。自分が悪いのはわかっている。法で裁《さば》かれるのも、自分のドジで捕まったのだからしかたがない。しかし、どういうわけか悪いといわれたくないのだ。

自分が窃盗に侵入したにも拘わらず、被害者に非があるかのように罵倒し、己の罪を認めないという姿は、当所では『当たり前』のことです。

「あんな所にいるからだ」

「向かってくるからだ」

「騒ぐなって言ったのに大声出しやがって」

「盗られたってどうせ会社の物なのに邪魔するからだ。おかげで、こっちがこんな所に長くいることになった。被害者は俺だ」

「俺の人生、なくなったぞ」


（美達大和『死刑絶対肯定論』新潮新書）

人間は容易に反省もしなければ改心もしないとはわかっていた。しかし犯罪者の倒錯《とうさく》した自己正当化の心理がここまであきらかにされたのは、美達大和《みたつやまと》のこの本によってである。なかには「そういう運命だったんだ、そいつは」と嘯《うそぶ》く囚人もいるらしい。美達はこのようにいっている。「殺すことは悪である、だが、自分の犯行には理由があり、加えて被害者に非があると平然と言う者が半数以上です」「受刑者のほとんどは、自己の非を認めるということに過剰とも言える抵抗を持ち、日常の中でも素直に過ちを認めることはありません。

常に自分にとって都合の良い合理化と、他罰意識を働かせています」

ウソをついた者が、ウソをいってないというのは、それがウソだとわかったときに生じる責任をとりたくないからである。元々、ウソをつくということじたい、自分に生じるであろう不利益を隠そうとしているからである（逆にいえば、不当な利益を得ようとしている）。つまりウソが成立すれば不当な利益を得、ウソが破綻《はたん》すれば不利益をこうむる。自分の悪はわかっていても、それを他人の責任に転嫁《てんか》したがるのは、それを認めることが自分にとって物心ともに不利益になるからである。

「私の責任です」といっただけでケロッとしている

首相やスポーツの監督が閣僚の不祥事やチームの不成績にたいして、「全部わたしの責任です」という場面をよく見る。首相にどうしても失点をつけたい野党は、失言をしたり失態を犯した大臣の「任命責任」を首相に問う。不祥事の疑惑がある議員は「説明責任」を問われる。スポーツでは「金メダルをとる」「絶対に勝つ」というものがいる。愚劣なことにメディアがいわせることもある。チーム・スポーツでは負けると、負けた責任が問われる。ふつうは監督が負い、解任される。選手もマスコミによって「戦犯」と名指されたりする。代償として年棒減や契約解除や解雇が行われる。

ところが、シビアでない責任の取り方が増えているように思われる。二〇一五年、野球の国際大会「プレミア12」で、日本は準決勝戦で韓国に負けた。ジャーナリストの鷲田康《わしだやすし》氏がそのことについて書いている。「『負けの責任はすべてオレにある』／試合後のミーティングでの小久保（裕紀《ひろき》）監督の言葉学《(ママ)》だが、ならばどういう責任の取り方があるかということだ」（『週刊文春』二〇一五年十二月三日号）。

鷲田氏はこう疑問を呈したあと、「解任論は簡単だ」と辞任による責任の取り方を退けて、このようにいっている。「優勝できなかった事実は重いが、目標はあくまで二〇一七年のワールド・ベースボール・クラシック（ＷＢＣ）である。ならば小久保監督は、敗北を踏まえてＷＢＣでどういうチームを編成し、勝つためにどういう野球をするのか。そのことをもう一度、提示し直す責任があるはずだ」

責任の取り方はさまざまである。しかし鷲田氏には悪いが、小久保監督は「どういう責任の取り方」も考えてはいない。「負けの責任はすべてオレにある」といったことで、もう責任をとったつもりになっている（と思われる）からである。事実、小久保監督は現在も日本チームの監督である。辞任はしていない。政治家のなかにも「わたしの責任です」とあっさり認める者がいる。潔く認めただろ、それでもう責任は果たしたではないか、とケロッとした顔をしているのである。

二〇一五年度の楽天イーグルスの監督だった大久保博元《ひろもと》はもうすこしマシだった。最下位の責任をとって一年で辞任したからである。「この成績はすべて私の責任です。僕が辞めることで若い選手たちのミスはすべて水に流していただければと思います」と、ファンたちの前で晴ればれと語ったものである。すこしマシ、とはいえ、責任の重さを感じていた顔ではない。もう監督就任のときから、もしだめだったら辞めりゃあいいんだろ、というような高を括《くく》った考えをもっていた、としか思えないのである。

責任をとる＝辞任する、という責任の取り方が公認されている。責任をとらせるやり方として解任や降格や懲罰《ちょうばつ》もある。しかし、なかには、自分の仕事を最後までまっとうすることがわたしの責任の取り方だと勝手な理屈をいって、頑《がん》として辞めようとしないものがいる。それも困る。辞めろよおまえは、と思う。もう仕事なんかしなくていいから、と。だがいまでは「すべてわたしの責任です」と公言すること自体が、責任をとることになっている。もし非難するならわたし一人にいってください、というわけである。そして、そんなやつはいないだろ、と思っている。一九九七年、山一證券が簿外債務《ぼがい》や「飛ばし」の不正行為で自主廃業をした。にわか社長に推された野澤正平氏は記者会見で「みんな自分たち経営陣が悪いんです。社員は悪くありません」と涙ながらに訴えた。気の毒であった。

言ってない、といえばいい

二〇一六年三月、甲子園初出場の滋賀学園野球部が県庁に挨拶に行ったとき、部員たちを乗せてきたバスの駐車位置に文句をいった吉田清一県議員（当時六十八歳）が「一回戦で負けてしまえ」と怒鳴って、騒ぎとなった。当選回数六回の自民党議員である。議員は釈明会見を開いて、自分はそんなことはいっていない、「こんなことをしていたら一回戦で負けるぞ」といった、それも野球部員にではなくバスの運転手や関係者にいったのだ、と弁明をした。さらに「誤解された面があるとしたら大変残念」だが、発言の撤回や謝罪はしない、議員辞職もするつもりはない、と述べ、会見場を途中退席した。

議員の正確な発言はわからないが、野球部員たちがその場で聞いていたのである。だいたい試合となんの関係もないバスの運転手に「負けるぞ」というかね。それに、バスの駐車位置と試合になんの関係があるのか。記者にもヘンなのがいた。「負けてしまえ」と「負けるぞ」はちがうのですか？　と訊いた記者がいたが、アホだった(ちがうじゃないか)。また、議員辞職をするつもりはないかと訊いた記者もいて、これまたアホかと思ったが(するわけないじゃないか)、想像するに、この吉田議員の程度の低さは以前から周囲には知れ渡っていたのではないか。

この議員はわたしと同年だが、いかにもたちが悪かった。路上でインタビューしようとする記者にいきなり「おまえはどこのものだ」とおまえ呼ばわりをし、「ＴＢＳです」と答えられると、一瞬絶句してしまった。どうせ地元局だなと舐《な》めていたら、東京の民放キー局だと知ってビビったのか。かれはたかが県会議員のくせに(国会議員でもおなじだが)、ふだんから周囲に威張《いば》り散らしている札付《ふだつ》きなのだろう。だが、そんな男にも妻がいて子どもがいるのだろう（それは知らないが。その後のかれの出処進退も知らない）。

自分の発言を弁明する場合に、「そんなことはいっていない。誤解だ」というのは一つの定型である。他には「本意ではない」「正確に伝わっていない」「舌足らずだった」「そんなつもりではなかった」、そして「文脈からそこだけ抜きだされた」という定型もある（これは正当な場合がある。報道側だっていい加減なものがかなり多いのだ）。なかにはすぐに病院に逃げ込む政治家（有名人）もいる。ところがいつの頃からか、つぎのようななんとも胡散臭い釈明のしかたが流行っている。姑息な謝罪である。

二〇一六年四月、おおさか維新の会の足立康史《やすし》衆議院議員（当時五十歳）が総務委員会で、安保関連法案に反対し、熊本地震への政府の対応を批判する民進党を「アホ」「バカ」「嘘つき」「国会の恥」と罵《ののし》った。翌日、総務委理事懇談会で民進党議員から批判されると、足立議員は「不愉快な思いをさせたとすれば陳謝したい」と述べたという。その後、足立議員は民進党に謝罪し、民進党もそれを受け入れたということで幕引き。

姑息なのは「不愉快な思いをさせたとすれば」の部分である。わたしはそんなつもりでいったのではないが、もし民進党の方が不愉快に思われたのならごめんなさい、というのではないか。

である。「アホ」「バカ」といわれて「愉快」になる人間がいるのかね。「不愉快」に決まっているのだ。じつにケチ臭い謝罪のしかたではないか。ところがこの謝罪のしかたが政界では、どうやら巧妙な謝罪のしかたとして定着しているようなのである。

「誤解を与えたとしたら申し訳ない」

二〇一一年七月、民主党の松本龍《りゅう》復興担当相が、会見に少し遅れてやってきた宮城県知事に命令口調で暴言を吐いた。それもテレビカメラの前で大っぴらにである。松本は元解放同盟副委員長だったようだが、大臣になったことがうれしくてたまらず、それなのに相応の敬意が払われなかったと感じて頭にきたのだろう。囲み取材では「結果として被災者の皆さんを傷つけたということであれば、お詫びを申し上げたいと思っております」といったが、辞任会見ではまともに謝罪した。松本は「リベラル」にも、かれのような権力亡者がわんさといるんだな、ということを全国に知らしめた功労者である。当然マスコミから叩かれた。なにが「被災者の皆さんを傷つけたということであれば」だ。

丸川珠代《たまよ》環境相は二〇一六年二月、長野県の講演会で、福島第一原発事故の後の除染に関して「年間（追加被曝線量）一ミリシーベルト」と「当時の環境相が何の科学的根拠もなく決めた」と発言した。衆院予算委員会でそのことを追及されると、講演内容の「記録を取っていない。あいまいな記憶で申し訳ない」と釈明した。「当時の環境相」だった民主党の細野豪志《ごうし》が、丸川の「何の科学的根拠もなく」発言の撤回を要求したが、丸川は応じなかった。しかし「福島県の方に誤解を与えたとすれば、申し訳ない」と述べ、その後、発言を撤回した。これまた生煮《なまに》えの定型的な釈明である。

同年二月、民主党の中川正春議員は、民主・維新両党の合同代議士会で、建築業者との贈収賄疑惑で辞任した甘利明《あまりあきら》経済再生担当相が睡眠障害で療養していることを引き合いに出して、「安倍晋三首相の睡眠障害を勝ち取ろう」と挨拶をした。中川はその後、記者取材で追及されると「政府に対して反転攻勢を掛けたいという趣旨だった。表現が誤解を招いたとすれば、取り消したい」と釈明した。ここでもまた「誤解を招いたとすれば」。だれもがおなじ金太郎飴《あめ》の釈明である。

先にふれた武田砂鉄の『紋切型社会——言葉で固まる現代を解きほぐす』のなかに、「誤解を恐れずに言えば――東大話法と成城大話法」という章（項）がある。そこで武田は、「（東京大学教授の安冨歩《やすとみあゆむ》が）東大に蔓延る話法を『東大話法』と名付けた」と書き、その実例を挙げて内容を紹介していた。わたしは興味を持ち、安冨歩の『原発危機と「東大話法」――傍観者の論理・欺瞞の言語』（明石書店）を読んでみたところ、この「とすれば」のぬらぬらとしたナメコ謝罪の謎が解けたのである。

安冨歩によると、東大には「東大文化」とでもいうべきものがある。それは「徹底的に不誠実で自己中心的でありながら」「高速事務処理能力で不誠実さを隠蔽する」傾向である。それを安冨が「東大話法」と名付け、「東大話法規則一覧」として二〇の規則にまとめたのである。たとえば「規則⑨『誤解を恐れずに言えば』と言って、嘘をつく」「規則⑪相手の知識が自分より低いと見たら、なりふり構わず、自信満々で難しそうな概念を持ち出す」「規則⑯わけのわからない理屈を使って相手をケムに巻き、自分の主張を正当化する」。いやはや「東大話法」とはすごいものである。安冨もよく考えたものだ。

その二〇の規則のなかで、そうだったのか！　と驚いた項目が、「規則⑳『もし〇〇〇であるとしたら、お詫びします』と言って、謝罪したフリで切り抜ける」である。まさに、そのものズバリ。しかも安富は、この「規則⑳」は「もはや東大話法と言えないくらい日本中に蔓延している用法」だといっている。しかしそうであっても、この用法は「その精神において東大話法です。というのもこれは、自分が謝罪すべき当事者であるというのに、傍観者に成りすましている、という語り口だからです」。

まさか政界全体に、もし釈明しなければならない事態になったときは、「東大話法」の「規則⑳」を使って切り抜けよ、というお達しが浸透しているわけではあるまいな。そういいたくなるほど、「もし不快に感じられたなら」「もし誤解を与えたとしたなら」「もし事実だったとしたら」「もし言葉がきつかったとしたら」「もし傷ついた方がおられるとしたら」「もし気分を害されたのなら」お詫びする、という言い方が蔓延しているのである。

「もし~としたら、謝罪する」というが、自分でそんなことも判断がつかないのか、と怒ってもしかたがない。当然、わかっていっているのである。自分は間違ったことはいってないが、もしそれで気分を害した人がおられるのなら、その人たちにはお詫び申し上げる、という「フリで切り抜ける」ことが目的で、発言自体に関する全面謝罪でもなんでもない。しかも謝罪とはいっても、口先だけである。六代目三遊亭円楽《さんゆうていえんらく》もどこで覚えたのか、浮気の謝罪会見で、「お客様に不快な思いをさせたならば、高座でお返ししたい」といったのである。返さなくていい。

なんだ、その謝罪のしかたは？

責任を問う声と同時に、謝罪を要求する声もやたらと多くなったように思われる。巷にも「まず謝れ」の声が多そうだ。追及する側は、謝れという。追及される側は、謝らない。なんとか言い逃れようと、「誤解だ」「本意ではない」などの弁解話法を駆使する。八方塞《ふさ》がりでいよいよダメとなると「東大話法」を使って遁走する。

不祥事を起こした会社は謝罪儀式を行わなければ許されない。責任を追及する記者たちは、水に落ちた者を鬼の首を取ったように叩く。しかし新聞は自身の誤報をめったなことでは謝らない。謝ったとしても、できるだけ気づかれませんようにと紙面の片隅に小さい「訂正記事」を載せるだけである。そんな程度のもので、大々的に報じたことによる報道被害の大きさを相殺することなど到底できない。誤報だろうとなんだろうと、ひとたび報じられたものは浸透し定着するのだ。人間全般にもいえることだが、善、平穏、まじめ、正直は目立たない。ウソやごまかしや不誠実は目立つのである。

責任を問う者は、ある場合は、発言を撤回しろと迫る。丸川環境相のように、前言撤回し謝罪する者がいる。この前言撤回がわからない。「おまえはほんとバカだな」「なに！　バカとはなんだ、撤回しろ」「悪かった。撤回する」。なんだこれは（ふつうは、こうならない。「バカだからバカといったんだよ」「バカにバカといってなにが悪い」とこじれる）。

言葉を撤回するとはなにか。発言はなかったことにするのだろうが、そんな芸当が可能なのか。「あ、おれの玉子焼き食べたな」「すまん、撤回する」といって、グチャグチャの玉子焼きを吐き出されるようなものではないか（ちょっとちがうが）。それとも前言撤回されたなら許すのが、「大人」の対応なのか。わたしなら発言の撤回も、言葉による謝罪も相手に要求しない。

中川淳一郎が「謝罪」に関して的確なことをいっている（『謝罪大国ニッポン』星海社新書。この本はネット事情に関して勉強になった）。

同書は謝罪要求に対してどのように適切な謝罪をして切り抜けるか（中川はそれを「謝罪

道」といっている）に重点が置かれているが、現在の日本社会でなぜかくも謝罪要求が蔓延するかの原因についても、示唆に富む指摘がなされている。現実社会にはつぎのような「お客様意識丸出し」のクレーマーがいる。

世の中には自分の人生に不満があるからなのか、とかくエラソーに謝罪を要求する輩が多過ぎる。謝罪をさせることを正当な権利とばかりに、自分がいかに不快な思いをしたかをアピールする。謝罪を要求しつつも、ついでに金品も授受されればいいな、とばかりに圧倒的有利な立場から相手の非を並べ立てる。

「自分の人生に不満があるからなのか」という中川の疑念（じつは、ほぼ確信）はたぶん正しい。他方、ネット社会には「謝ったら死ぬ病」と「謝らないと死ぬまで絶対に許さない病」と「謝らせないと死ぬ病」に罹《かか》った極端なネット住民がいるらしい。中川は「ネットで発生する謝罪（要求……引用者注）の目的は『何やら得をしたい』と『承認欲求を満たす』ことにある」といっている。また、表舞台で「客と直接的に対峙しているのであれば、一切私を不快にさせることはするな、もし不快に思わせた場合はそのことを謝罪しなさい、といった理不尽なるまさにクレーマーの要求」がある。

これを中川は「今の日本は『不快になった者勝ち』状況にある」といっている。まさにそのとおりである。これは謝罪要求に執拗なネット民にも共通すると思われる。なぜ「不快になった者」が「勝つ」かというと、自我の快を妨げる者と自我に不快をもたらす者は絶対悪だからである。その「責任」と「謝罪」を弾劾《だんがい》するのは自分の正当な権利であり、なにをやろうとあくまでも自分は正しいと固着しているのである。

ウソの責任はとることができるのか

人は「責任をとれ」と簡単にいう。しかし、どのようにしたら適切な責任をとったことになるのか、要求する人間にわかっているわけではない。ただいっているだけだ（ケチくさいクレーマーは金や商品が目的）。追及された側も、ほんとうは責任をどうとっていいのかわかっていない。「思い切ってやれ、すべての責任はおれがとる」という威勢のいい人も、かれがその責任をとりきれるかどうかにはなんの保証もない。具体策があるわけでもない。デモでは「断固阻止」「粉砕」と叫ぶ。が、これは勢いによる過激な言葉をただいってみただけである。「断固阻止」できなくても、だれもその責任は問わない。

「責任を取るということは可能でしょうか?」と自問して、内田樹《たつる》はあっさりこう解答している。「答え、『不可能です』」。一行空けて「以上。おしまい」(『困難な成熟』夜間飛行)。ふふ。この「以上。おしまい」が、つべこべいうんじゃないよ、これ以上正しい答などないんだから、という余裕を見せていささか鼻白むが、「不可能です」にわたしはまったく同感である。なぜ「不可能」なのか。その理由も納得である。内田はこのようにいっている。

「人を傷つけたり、人が大切にしているものを損なったりした場合、それを『復元する』ということは原理的に不可能です」

人や物を損壊する場合だけではなく、暴言や失言の場合もおなじである。それを言い訳したり撤回したり謝罪したとしても「復元不能」である。だから内田はこのようにつづけている。「『ごめん』で済む話はない。どのような損害であれ、それを原状に復元して、『なかったこと』にすることはできない。そういうことです。ですから、『もう起きてしまったこと』について『責任を取る』ということはできません。原理的にできないのです。もう起きちゃったんだから」

そのとおりだから、わたしもつべこべはいわない。だから、政治家が失言して、「発言を取り消します」といっても謝罪してもダメなのである。もう、いっちゃったんだから。当然、ウソをついた責任もとれない。だって、すでに後《あと》の祭り、ウソをつく以前の時間に戻れないからである。とりあえず「あれはウソでした。申し訳ありませんでした」と謝罪するほかないが、ほんとうをいえば、これも「ごめん」で済む話ではない。もちろん、ウソにも事の軽重によってピンからキリまである。被害が小さければ、「いい加減にしろよ」で済むかもしれない。しかし物的・心的被害を与えた場合、原状回復をする方法はない。

じゃあどうすんのよ、という問いが出てくることになるが、内田樹はそんなことは百も承知で、「ですから、『どうやって責任を取るのか』というのは問いのありようとして、すでに間違っているのです」といっている。「私たちが責任について思考できることは、ひとつだけです」。それはなにか？　「どうすれば『責任を取る』ことを求められるような立場に立たないか、ということ、それだけです」

これは社会に生きる人間が、一番最初に心がけなければならないことである。責任問題が生じないように、自分のなすべきことに誠意と全力をつくすべきである（ゆえに最初からウソはつかないこと）。それはわかっているのだが、悔しいことに人間は万能ではない。ミスをする動物である。どんなに検品しても不良品は出、どんなに整備しても故障は起きる。異物は混入する。誤植は出る。これはミスではないが、子どもは思うように育たない。

しかし、人間はミスをする動物である、と最初から言い訳をすることが許されない職業がある。医者、パイロット、電車の運転手、製薬会社など、人の命を預かる仕事である。それがわかっていながら、それでもミスは出るのだ。手術は失敗する。工事現場で事故が起きる。宇宙ロケットは爆発する。

日常のなかで、責任をとらざるをえない状況に陥ることはいくらでもありうる。海外の仕入先のヘマによって客への納品が大幅に遅れるとか、自分の子どもがよその子どもを傷つけてしまったとか、人の大切なものを壊したとか、ウソをついて他人のせいにしたとか、クローザーが打たれて先発投手の勝ちを消してしまったとか、である。

図書館から借りた本を紛失したという程度なら、新本を買って弁償すれば許されるであろう。これは原状回復といっていい。だが、相手を失明させてしまった、交通事故で相手のドライバーの両足を切断させてしまった、果ては、たとえ過失だとしても人を死なせてしまった、というのは、文字通り取り返しがつかないことである。絶対に「復元不能」だからである。死んでお詫びしても、まったく責任をとったことにはならない。

それでも社会で生きている以上、人間の現実として責任はとられなければならない。物品（対物）の損壊なら弁償をすることになる。なかには保険金も入って「焼け太り」となり、もうかったよ、ということがないわけではないだろう。だが弁償額によっては限度がある。契約違反や借金は賠償や返済をしなければならない。それも事情によっては、何十年も苦しむ人間が出ることになる。私事で恐縮だがわたしの父は、自分の父親の借金の連帯保証人となり、自分の責任でもないのに二十数年も返済をつづけ完済した（そのことを知ったのは、わたしが二十歳をすぎてからである）。

犯罪（対人）なら刑に服すことになる。しかしこれも責任をとったことにはならない。犯した罪にたいする罰でしかない。反省しても更生しても、責任とはなんの関係もない。服役や生涯にわたる反省と謝罪も、せいぜいいって代替責任のとり方である。現実的にいって、責任のとり方はお金しかないということになる。慰謝料や示談金《じだんきん》である。人間の命も損害賠償として金に換算される。「損害」という捉え方に違和感があるが、現実的な責任のとり方においてはいたしかたない。露骨にいえば、飛行機事故などなら企業が払うからまだいい。個人間においては、金のない加害者はそれもできない。

結局、重大な「復元不能」の加害において、人間はどんな責任もとることはできないのである。そして、人間はその責任のとり方を永遠に知ることはない。被害を受けた者は、理不尽にただただ耐えるしかない。原理的に責任をとることは不可能である。にもかかわらず、「責任」という概念は消滅しない。人間社会の秩序を維持するためには必要な概念だからである。シリアの内戦でこれまでに二〇万人の市民が殺されたという（こんな例を挙げはじめたら無数にある）。そこでは「責任」という言葉など、なんの意味もないのだ。元々、「責任」という概念じたいが欠陥概念だ、と思われてならない。

第四章

「ウソでもいいから
騙してほしい」

知らないことは存在しないのとおなじ？

知ることは知らないことより何倍も悪かった。

知らなければ希望があった。なにか見過ごしていたことがあるかもしれないという希望。奇蹟がおきるかもしれないという希望。

（ウィリアム・ケント・クルーガー『ありふれた祈り』ハヤカワ・ポケット・ミステリ）

女の人のなかには、夫や恋人が、自分にわからないように浮気をするならかまわない、という人がいる。本心であるはずがない。哀れで、弱く、諦念《ていねん》が混じった言葉だ。本心は、浮気は絶対にしてほしくない、にきまっている。だが、こんな願望にはなんの効き目もない。ゆえに、万一そのようなことになってしまったら、せめて自分にはわからないようにしてほしい、というのであろう。知らないことは存在しないのとおなじだから。バーブ佐竹の「女心の唄」みたいに（もうほとんどの人が知らないだろうが）、〝どうせわたしをだますなら、だましつづけてほしい〟である。

だが、知らなくても、存在するものは存在する。知らないことと存在しないことは、いうまでもなくおなじではない。そんなことは、女の人もわかっている。ただ、知らないことには「希望」がある。心の平静（信頼）があり、生活の安泰がある。真実を知ることより、知らない平安のほうがどんなによいことか。菅原洋一が歌った「知りたくないの」の原詩は、あなたが過去にどんな女の人と付きあったのか、たとえわたしが訊いたとしても、けっしてほんとうのことはいわないで秘密のままにしておいて、ほんとうのことは知りたくないのだから、〝I Really Don't Want To Know.〟というものだ。

精神科医の片田珠美《かただたまみ》がこういっている。「われわれの多くは実は真実なんか知りたくないということだ。洋服屋の試着室には、やせて見える鏡が設置されており、客は錯覚してつい洋服を買ってしまうという話に端的に示されているように、できれば真実を直視したくない。というのも、真実は往々にして苛酷なものだからである」。むろん、わたしたちはすべての真実から目を背《そむ》けるのではない。わたしたちが知りたくないのは、自分にとって不都合な真実である。がんが末期のステージ４です、など知りたくはない。

たとえば、「夫が浮気を隠すために嘘をついていることに薄々気づいていながら、見て見ぬふりをしているような妻が典型だろう」と片田はいっている。その理由は、「現在の表向きは平穏無事で、傍目には恵まれているように見える生活に波風を立てたくない」「離婚なんかしたら、経済的に困窮するのではないかという不安から、目の前の現実に目を向けようとしない」というものである。つまり「世間体を気にする人ほど、欺瞞《ぎまん》のベールで覆われた真実に目を向けようとしない。これは女性に限った話ではなく、男性でも起こりうる」(『自分のついた嘘を真実だと思い込む人』朝日新書)。

わたしたちが恐れるのは、自分の価値観が揺さぶられることであり、愛情のコア(核)が壊れて関係が破綻することであり、つまり心の安定や平和な生活が壊れることである。実際の関係は破綻しているのに、なんらかの打算によって関係がつづくことはあるだろう。だがそんな関係にほとんど意味はない。

知らないものは存在しない、はウソだが、しかし、知らないものは存在しないのとおなじである、というのは実感でもある。わたしたちは否応なく、知らないことは存在しない、という生活をしている。日々知らない人の事故や事件が報じられるが、それでこちらが悩むことはほとんどない。自分の生活が脅かされることもない。なぜなら、それらの事故や事件は自分と〈関係〉がないからである。〈関係〉がないというのは、〈意味〉がないということである。「アフガンで自爆テロ　八〇人死亡」という記事を見ても、こんなばかなことをまだやってるのか、と思うだけである。その自爆犯も「八〇人」もわたしは知らない。考えてもどうすることもできないし、どうにもならない。

わたしが軽率だった

まったく知らないうちはいいが、中条きよしが歌った「うそ」という曲の〝折れたタバコの吸い殻で、あなたがウソをついてるのはわかるのよ〟（わかるわけがないが）というように、疑念を持たれたらもう男女の平和は危うい。問い詰められたほうが、「証拠があんのかよ」と愚かなことを口走ったり、「携帯を盗み見したのか、最低だな」と話をすりかえて「逆ギレ」したりするようになると、その関係はまちがいなく終わりである。

最善は生まれでぬこと。次善ははやく死ぬこと。このギリシャの箴言《しんげん》が真か偽か知らないが、単純にそれにならっていえば、最善は浮気をしないこと。次善は速やかに心から陳謝すること。最悪は開きなおること。次悪はウソで固めようとすること。しかし、たとえそれが表面的には治まったとしても、関係に生じた亀裂は生涯埋まらない。ふたりともその亀裂を見ないふりをして生きていくことになる。

二〇一六年三月、乙武洋匡《おとたけひろただ》の浮気が報じられた。週刊誌報道の直前に自ら告白謝罪し、だれも訊いていないのに、これまで五人の女性と関係があったことまでさらけだしたのである。あのさわやか乙武クン、あのリベラル発言の乙武クンが、ということで、かれのイメージはがた落ちした。それ以来、公的な場面から姿を消している(一、二度テレビに出たようだがわたしは観ていない)。

かれは「このたびは私の不徳の致すところ」と謝罪し、「一生かかっても償いきれないほどの過ちであるにもかかわらず、妻は私を許し、やり直そうと言ってくれました」といった。妻も「私にも責任の一端がある」と無用な自身の責任を認め、「あらためて夫婦ともに歩んでいくことを強く決心致しました」と表明した。乙武夫妻は元のサヤにおさまると思われた。しかし、九月に離婚を発表した。

今度は六月、ファンキー加藤が知人の妻と浮気をしたと報道され、ファンに謝罪した。自分の妻にたいしては「本当の意味で納得という意味になっていないと思います。こんな自分のことを、最後は受け入れてくれて、今、すごく支えてくれているんです。一生をかけて、償っていこうと思っています」と語った。かれはめでたく元のサヤにおさまりそうである。ただ、言葉はいかにも誠実に聞こえるが、「一生をかけて」償うとは、実際にはいったいどうするのだろう。

ところが七月、今度は若い評論家の荻上《おぎうえ》チキの不倫が発覚した。この人のことは、「朝まで生テレビ！」ではじめて知り、その後、同番組で何回か見た。若いのに理知的で、話し方も穏やかで、ものをよく知っており、リベラルだなという印象があった。荻上は妻に離婚したいという意思を告げて、その女性と暮らし始めていたのだという。しかし、離婚協議をするなかで、妻と別れることや、二人の子どもと会えなくなることに悩み、結局は不倫関係を解消したらしい（相手の女の人が哀れ）。現在は妻と今後について話し合っているようである。その後、どうなっているかは知らない。

こういってはナンだが、三者三様の弁明のしかたと、妻との関係の帰趨《きすう》が興味深い。フアンキー加藤は妻が「本当の意味で納得という意味になっていないと思います」といっているが、あたりまえである。一生、妻が「納得」することはないよ。乙武は「一生かかっても償いきれないほどの過ちであるにもかかわらず、妻は私を許し、やり直そうと言ってくれました」といったが、ほんとうに「許し」ているわけがない（結果、別れた）。いったんは離婚を覚悟した荻上も、結局は家庭に戻りそうである。

男が甘い、とわたしは思う。反省し、悔い、平謝りに謝れば、妻は許してくれるのではないか、と思っているところが甘い。たとえ許されたとしても、甘すぎる。荻上以外は、最初から家庭を壊す気はない。壊れても自業自得だと全然思っていない。ほとんどの浮気がそうなのであろう。第一は妻にばれないこと、第二には、もしばれても謝罪さえすれば妻は許してくれる、と高を括っているのだ（九月に中村橋之助の「不倫」が発覚した。レポーターたちからなにを訊かれても「不徳の致すところ」一本槍《いっぽんやり》で押し通し、離婚について訊かれると、あたりまえのように「ないと信じています」といった）。

けれど、妻にばれないようにと思うのは当然だが、もしばれたら、離婚され、金は取り上げられ、そして浮気相手にも愛想をつかされたら、たったひとりで（もし相手がついてきてくれるなら、ふたりで)、人でなしとして、ひっそりと生き、死んでいくと覚悟すべきなのである。もし妻に許されたとしても、妻や子に対して自分は人でなしであることをつねに胸に刻むべきだ、ということである。

「一生かかっても償いきれないほどの過ち」とか「一生をかけて、償っていこう」というのは、もしそれがその場しのぎの「ウソ」でないなら、そういうことではないのか。浮気をした人間はひとりになって野垂《のた》れ死《じ》にしろ、なんてことはいっていない。たかが浮気のひとつやふたつ、だれもがやっていること、ほんの出来心、であろうとなかろうと、浮気をするのならそこまで覚悟すべきである。「妻は許してくれるだろう」と高を括るな、「離婚はしたくない」などの泣き言はいうな、ということである。

「愛がすべてさ」だの「おまえだけにこの愛を誓う」だの「家族が一番」だの「All you need is love」というのが、口先だけのことでないなら、その「愛」を裏切ることは、ほんとうは一生許されることではない。もしかしたら、自分の生活や子どもの将来を考えて、妻にしぶしぶ「許し」てもらえることはあるかもしれないが(それが多いだろう)、けっして忘れてくれるわけではない。心の底では、ほんとうには許されていない。「前言撤回」はありえても、「浮気撤回」などありえないのである。

もし、「ほんとうの気持ち発見器」があったら

いまさらこんな古い話をむしかえすのもどうかと思うが、今から二十四年前の一九九三年、貴ノ花（当時二十歳。現・貴乃花）が宮沢りえ（当時十九歳）との婚約を、「もう愛情がなくなりました」という理由で解消した。わずか二カ月前、ふたりで仲睦《なかむつ》まじく手をつないで婚約会見をしていたのにである。あの言葉は、女性が未練を残さないようにとの男のやさしさだ、いや、あれはひどい言葉だと賛否両論があった。

二人以外のどこからか圧力がかかったのは確かだろうが、婚約解消の真の原因がなんだったのかはどうでもいい。ただ、貴ノ花のこの言葉はテレビ会見で聞いていて強烈だった。わたしは、そんなにはっきりいうかね、と思った。婚約解消がふたりにとって喜ばしいことだったはずがない。貴ノ花の言葉はとても本音だとは思えなかったのである。

相手に憎まれても、相手のことを思って、心にもないことをいうのは正しいか。相手の

ために、傷つけないようにとウソをいうのは正しいか。正しいもへちまもないという気がする。こんな問いに、一般的な答えなどない。意志や努力に限界はあり、なるものはなり、ならぬものはならない。どっちにしても、双方に救いはない。そして、救いのないことや、どうにもならないことは世の中にごまんとあるのである。

ウソ発見器というものがある。これは被験者がウソをついているかいないかだけを判定する器具である。もし「ほんとうの気持ち発見器」があったとしたらどうだろうか。つまり、人が口に出してなにをいおうと、本心が正確に読み取れる器具である。それを使うと、乙武の「妻は私を許し」の妻の本心も、ファンキー加藤の「今、すごく支えてくれている」妻の本心も手に取るようにわかるのである。貴ノ花の本心も、宮沢りえの本心もわかる。

いや、わたしたちと無関係な有名人の心などは、とりあえずどうでもいい。もしそんな器具があったなら、自分の周囲の親兄弟、妻子、親戚、級友、仲がいいと思っている友人、会社の同僚上司部下、取引先相手、隣近所のすべての人の本心がわかるのである。なんなら、コンビニの店員や、レストランや食堂の人、通りすがりの男の人や女の人が、こちらをどう見ているかまでわかるとしてもいい。

あ、この女（男）の人は、おれ（わたし）のことを「好き」と思ってるよ、ということはめったにありはしないだろう。これは詐欺だ、危なかった、という予防にはなるだろう。が、これもめったにあることではない。人の誤解を解くことはできるかもしれない。しかし、たいがいは、顔は笑ってるのにどんくさい男だと思われてるよ、わ、ブスだ、頭の悪いやつだ、こんな男（女）でも付きあってみるか、見損なったよ、なにを偉そうに、早くやれよ、ばか家族だ、なに食ったらそんなに太るんだ、気取ってやがる、果ては、世のために死んじまえ、といった否定的な本心が聞こえてくるのではないだろうか。

これはたまったものではない。おまけに、すべての人の心が聞こえてくるものだから、うるさくてしょうがない。反省して、言動を改める機会にはなるかもしれないが、すべてに応じていては身が持たない。ときに、この人はなにを考えているのか、本心はどこにあるのか、と知りたくなることがあるが、わからなくて幸いである。

人間は人の心がわからないようにつくられている。いいところは知ってほしいが、悪心は知られたくない、というのは図々しいのである。「人の気も知らないで」とか「だれも自分のことをわかってくれない」とはいえるが、だったら、本心を明かせばいいのに、「どうせわかりっこない」と呑み込んでしまう。「じゃあ、ほんとうのことをいおうか」といわれると、これは恐い。本心は恐いのだ。関係の歴史がその一言で崩壊しかねないからである。そのとき、自分がいかに甘かったかを思い知らされるのだ。

わたし自身、こんなことは知らなければよかったな、知りたくなかったな、ということがなかったか、と思い返してみると、もちろん、ある。多くは、この人はこういう人間だと信じていたことが、ある事実や情報によって揺らぎ、覆《くつがえ》されたときである。いや、かれ（彼女）も人間なんだからそんなこともあるわな、と、自分が信じた判断を守ろうとするか、いや、おれの目は節穴《ふしあな》だったな、と自分の認識の甘さを認めるかは、その事実や情報の質と程度による。

愛情には、感情と、信頼と、悲喜の記憶と体験によって形成された唯一性の関係の歴史というコアがあると思われる。小さなウソや裏切りはその愛情のコアを傷つけはするだろうが、それが破砕されないかぎり、その愛情は維持されつづけるだろう。だが、決定的な一言、決定的な出来事によって、コアが壊れるなら、もう修復はできない。その関係は終わりである。どの程度の外傷でコアが壊れるか否かは、形成されたコアの大きさや硬さによる。ひとつとしておなじものはない。だから愛情は唯一性なのだ。

ウソを見抜く？　見抜いたあとどうする？

人がウソに関して一番関心があることは、どんなことだろうか。人はなぜウソをつくのか、とか、そもそもウソとはなにか、という理論に関心がある人がいるだろう。もしかしたら、成功するためのウソのつき方、といったテーマに興味をもつ人がいるかもしれない。しかし現実的には、騙されないためにとか被害を受けないために、どうしたらウソを見抜くことができるか、というのが一番ではないだろうか。

元東京地検特捜部副部長で現自民党衆議院議員の若狭勝《わかさまさる》に、まさに『嘘の見抜き方』（新潮新書）という本がある。かれは、検事は職業上「誰もが必死で嘘を見抜く技術を身につけます」といって、次のように、相手の言葉からウソを見抜くためのポイントを八点挙げている。もちろん場面は一対一である。

・大事なことに限って忘れたふりをする。（「記憶にない」など）
・聞かれた質問に答えようとしない。（はぐらかし・一般化・逆質問）
・話のリズムが突然崩れる。
・確かに聞こえているはずなのに聞き返す。
・限定的に嘘をついて、バレた時の逃げ道を作る。
・無意味で過剰な修飾語を使って否定する。（「神に誓って」など）
・嘘をつくろうために、聞かれてもいないことをしゃべり続ける。
・「自己矛盾」は勘違いや誤解もあるので注意が必要。

さすがに百戦錬磨《れんま》の経験者である。よくまとめられている。「聞こえているはずなのに聞き返す」というのは、なるほどである。政治家にはよく「天地神明に誓って」と大げさなことをいう者がいる。「明鏡止水《めいきようしすい》の心境であります」といった首相もいた。「それも精査します」という言い逃れは、「聞かれた質問に答えようとしない」に該当するのだろう。このほかにも若狭は、相手のしぐさや態度からウソを見抜くためのポイントや、質問のしかたなどについても具体的に述べている。

しかし、感心はするものの、これらの〝ウソ見抜き八カ条〟を暗記しておこうという気にはならない。手帳に書いておこうという気にもならない。わかるウソはわかるものであり、わからないウソはやはりわからないからである。被害に遭いそうなウソには、最初から近づかないことである。まあウソとわからないから近づくのだろうが、うますぎる話というのは最初からわかるだろう。自分だけ濡れ手に粟《あわ》の甘い汁を吸おうという元々の根性がよくない。わたしにとっては、いかにして相手のウソを見抜くかということより、見抜いたあとにどうするのか、ということのほうに関心がある。

人は、もし相手がウソをついたとわかったら、どうするのだろうか。親は子どもを、「なぜウソをついたのか、ちゃんといいなさい！」と責めるのか。夫婦や恋人たちも、「ウソついたな、最低だな」とか「なぜウソついたのか、説明してよ」となじるのだろうか。だが、弁明を聞いて、それがまたウソだとわかったらどうするのか。「またウソをつく、ほんとのことをいいなさい」となるのか。そして、もしほんとうのことを聞かされたら（その意外性によって、「これはほんとうだ」とわかるものだ）、絶句して、聞くんじゃなかった、とはならないのか。

もちろん、ウソの程度や種類によって対応は異なる。いじめの被害を受けている子どもが、自尊心や羞恥心《しゅうち》や気遣いによって親にウソをついていたなら（大丈夫だよ、なにもないよ）、きちんとその原因に対応しなければならない。しかしただの保身によるウソの場合、わたしは私的な場面では、そのウソを問い詰めることができない。ほんとうのことを知っても、どうしたらいいのかわからないからである。ウソとわかっても、あるいはほんとうのことを聞いても、責める気がしない。もっとも、相手が内心で「しめた、これはバレないぞ、ちょろいな」とほくそ笑んでいるとしたら、それが気に食わないが。

イギリスのサッカーチーム「レスター・シティ」に、ジェイミー・ヴァーディという主力選手がいる。岡崎慎司の同僚だ。かれは二〇一五年七月、レスター市内のカジノで、日本人の客を「ジャップ」と罵倒し、そのときの動画が公開されて社会問題になった。ヴァーディは、当の日本人にも、また岡崎にも謝罪した。かれは後《のち》にこの事件を振り返り、「差別主義者という言葉は、自分の名前において永遠の汚点になっている」と再び反省を示した。それはいい。同時にかれは、「ジャップ」という言葉が差別語だと知らなかったといったのだ。「ジャップという言葉が差別用語と知っていたら、絶対に使わなかった」と(ネットの「Football ZONE WEB」から)。

そんなバカな、である。弁明としてあまりにも稚拙《ちせつ》すぎる。だとしたら、いったい「ジャップ」とはなんだと思っていたのか、である。二十九にもなって知らないはずがない。差別語だと「知っていた」からわざわざ使ったのである。といってわたしは、この野郎ウソつくんじゃないよ、といいたいわけではない。かれはこの先、少なくとも公的な場所では、二度と「ジャップ」という言葉は使わないだろう。〝そうかい、今後は気をつけな〟と見逃してやればいい。

ウソを見抜こうと、とことん追及してもしかたがないと思う。相手に、ウソでしたと認めさせて、どうだ参ったか、という気がわたしにはない。むろん、身に降りかかる火の粉は払わなければならない。しかし、よほどの悪質なウソでないかぎり、たいていのウソは邪悪ではない。人間の「存在」が生み出す、哀れで弱い「誤植」のようなものだ。頑としてウソはついていないと言い張るのが強さではない。弱さである。こいつをだますのはチヨロいな、と舐められるのは腹立たしいが、それを問い詰めてなんになろう。

「おれが責任をとる」と威勢のいい人間が、いざとなったら責任の取り方を知らないのとおなじで、「ホントのことをいえ」と迫る人間は、いざホントのことを聞くと、どうしていいのかわからない。些細なことで謝罪を要求する人間が増えていると思われるが、「土下座しろ」と怒鳴って、実際に土下座されると、もうどうしたらいいかわからないのだ。歪《ゆが》んだ顔で、捨て台詞を吐くという情けなさではないか。

わたしは人に謝罪を求めない。礼をいわれることも苦手である。武士の情けではないが、多少のウソは見逃す。それ以外に方法が浮かばない。相手をとっちめてもしかたがない。実際、ほんとうのことをいわれたら、どうすればいいのだろう。顔の作り方がわからない。

ハロー効果にだまされる

片田珠美は、ある人間のウソを補完し、助長し、支える、ウソの賛同者の存在を指摘している。「本人が自分のついた嘘を真実だと思い込んでいるだけに、心酔者を生み出しやすい」といい、その「心酔者」を、「イネイブラー（支え手）」と呼んでいる。この原語はenabler

で、ある辞書には「助けてあげるつもりでやったことがかえって相手のためにならないようなことをする人。身近な人が悪癖や犯罪などに染まっていくのを黙認ないしは放置している人」とある。

片田によると、かれらは「嘘を信じてうなずいたり、おもしろがったりする人」で、「小《お》保方《ぼかた》晴子氏が割烹着《かっぽうぎ》姿でさっそうと登場したときに拍手喝采《かっさい》した大衆やマスコミも、イネイブラーの役割を果たしたのである」ということだ。どうも片田のこの本にはやたら「小保方晴子氏」が出てきて、どうやら「自分のついた嘘を真実だと思い込む人」の筆頭には彼女が想定されているようである。

人との付きあいで、相手の信用を得るには「いい人」との印象をあたえることが大切である。会うたびに「いい人」の印象をあたえつづければ「相手は、正直で優しい人なんだというふうに反射的に思い込むものである」。これが心理学でいう「ハロー効果」だ、と片田はいっている。「イネイブラー」はたぶんこの「ハロー効果」にも弱いと思われる。ウソつきはこれを利用する。「ある人物がある点で優れていると、それとは無関係な他の点でも優れているというふうにどうしても見てしまう。美男美女は得というのは、まんざら嘘ではない」。この「美女」も「小保方晴子氏」が念頭におかれているようで、片田はなかなか執拗《しつよう》である。

ハロー効果の「ハロー」は、いうまでもないが「こんにちは」のhelloではない。原語はhalo。聖像や仏像の背後にある円光・後光のことで、「光背効果」といわれるものである。その人間の権威や学歴や所属や人気に気圧《けお》されて、そんなものあるはずもないのに、「あの人のオーラはすごい」なんていう人は、「ハロー効果」にみずから落ち込んでいるのである。「専門家」という言葉も「ハロー効果」のひとつである。ＮＨＫの「鶴瓶《つるべ》の家族に乾杯」という番組で、笑福亭《しょうふくてい》鶴瓶に会った人のなかには、まるでお釈迦様に会ったかのように、生きててよかったと大感激する人がいるが、あれがそうである。

末弘厳太郎《いずたろう》著、川島武宜《たけよし》編『嘘の効用（上）』（冨山房百科文庫）に、こんな文章がある。

「法律家は『法律』の範囲内に止《とど》まる限りにおいてのみ『専門家』です。ひとたびその範囲を越えると、ただちに『素人』になるのです。（略）その際述べられた『素人考え』は、特に『専門』のない普通の『素人』の意見となんら択《えら》ぶところはない。（略）かえって実質は悪いかも知れないくらいのものです。しかも世の中の人々は、不思議にも『専門家』の『素人考え』にむかって不当な敬意を表します。（略）本人もいい気になって堂々と意見を公表などします」

まさにそのとおりである。人は、政治家とか学者とか作家とか東大出とかテレビに出ている人とか大会社の社員というだけで、その人間に「不当な敬意」を払うものである。芸能人が現れただけで「ギャー」と騒ぐ人（老若を問わず、女の人に多い）や、芸能人が推奨する物や、夏目漱石が愛した店や料理や、太宰治が泊まった宿や、有名人の色紙を飾っている店や、アイドルが身に着けている衣服や小物などに魅かれる人は、「ハロー効果」にやられてしまう性格的弱さを抱えている。立派な体裁のカタログに記されたインチキ投資話などに騙されるのはそういう人である。

偉そうなことをいっているが、わたしは小保方晴子氏の「偉業」を一〇〇パーセント信じた。あれだけ新聞・テレビで報じられれば、信じるなというのが無理である。理化学研究所という研究機関と小保方晴子氏の純でかわいらしい顔にも「ハロー効果」があったといわねばなるまい。「現代のベートーベン」佐村河内守《さむらごうちまもる》氏にもまんまと騙されてしまった。テレビではじめて観たときは、現代にこんな人がいたのかと驚いた。盲目、長髪、サングラス、頰ひげ、黒っぽい服、寡黙、膨大な手稿といった道具立てがいかにも、だったのである。ところが、こざっぱりした姿で謝罪会見に出てきたかれは、太目のただのおじさんに変貌していたのである。わたしはいまだにこの二人が憎めない。

小浜逸郎《こはまいつお》の『デタラメが世界を動かしている』（ＰＨＰ研究所）を読んだ。タイトルが気に入った。それをいいかえれば〝世界に蔓延しているウソが世の中を動かしている〟ということになるからである。築地市場の豊洲移転問題や東京オリンピックの施設費激増だけをとってみても、「ウソ」が蔓延し「デタラメ」で動いているように思われる。堤未果の一連のアメリカ批判・多国籍企業批判本を読むと、「コーポラティズム」（政治と企業の癒着主義）のとんでもない「デタラメ」が「世界を動かしている」事例が満載である。

小浜にとっては、権威がまとう「ハロー効果」もへったくれもない。「諸悪の根源は新聞社」と断定して、朝日新聞は「売国新聞」、毎日新聞は「『朝日親分の舎弟』新聞」、日本経済新聞は「財務省御用達新聞」などといっているのは過激だが、歴史、政治、経済、社会問題について、よくもここまで調べ、考えるものだとその熱意と根気に感心する（それにしても、小浜逸郎も変わったなあ）。なかでもおもしろかったのは「戦後知識人というデタラメ」の章である。柄谷行人《からたにこうじん》、加藤典洋《のりひろ》、上野千鶴子《ちづこ》、村上春樹、坂本龍一、香山リカ、茂木健一郎らスター知識人（学者、作家）たちのとんまな素人考えや行動を批判した内容に、わたしは一〇〇パーセント同意する。

ただ、もし自分の考えに共感する人がいたら「筆者との協力体制をつくることに力を貸していただけ」ないか、とあるが、（わたしが頼まれているわけではないが）断る。小浜逸郎は基本的に、中江丑吉《なかえうしきち》のように「孤軍」奮闘でいけばいいのではないか、と思う。小浜はテレビはあまり観ないらしい。が、わたしはテレビばかり観ている。タチがちがうのだから、こればかりはしようがない。

両手握手が気持ち悪い

リオ・オリンピックで日本選手が好成績を残したのは慶賀すべきことであった。しかし表彰式で、「やるんじゃないぞ」と思っていたのに、「やっぱり、やってるなあ」と苦々しく思ったことがあった。ほとんどの日本人選手が、メダルを首にかけられたあと、授与者の手を両手で包み込んだのである。ガラパゴス日本人が発明した「両手握手」である（本来の片手握手をしていたのは、わたしが見たかぎり、萩野公介と内村航平と錦織圭、女子バドミントンの髙橋礼華《あやか》と松友美佐紀だけだった）。

テレビを観ていて、前から気になっていたのがこの「両手握手」である。若い芸能人や芸人やスポーツ選手が互いに握手をする場面が映し出されることがよくあり、そのときにかれらは、両手で相手の手を「包み込む」ようにするのである。これが気持ちが悪い。同時に頭をさげたりする。これが見苦しい。卑屈である。なにをやっているのだ、と思う。双方が包み込む場合がある。上位者（年長者、先輩、外国人）にたいして下《した》っ端《ぱ》だけが、笑顔とともに包み込む場合もある。

忖度するに、「あなたにお会いできてわたしはこんなに感激しております」というように、両手による「包み込み」で相手に「敬意」を表しているつもりなのであろう。しかし握手に「敬意」を込めるもへちまもない。握手とはただの挨拶である。先輩後輩も、大人も子どももない。もし本田望結《みゆ》が安倍首相に会っても、片手だけの握手でいいのである。というより、それが正しい。日本のお辞儀がそうではないか。双方のお辞儀だけでいいのである。下っ端だけが上位者に何回も最敬礼しなければならないなんてことはない。

欧米人の大物俳優や映画監督やスポーツ選手に会うときは、それ以上にひどい。インタビュアーは、まるで宗主国の人間に植民地の人間が謁見《えっけん》するような、感謝感激雨あられ的な両手握手をするのだ。世界の「大物」（日本のテレビはやたら「大物」だの「大御所」だのといいすぎる）を前にして舞い上がってしまうのはしかたがないかもしれないが、見ていてはなはだみっともない。もし敬意を示したければ、言葉で「お会いできてうれしいです（光栄です）」といえばいいだけの話だ。

人との別れ際にはなにか余計な一言をいい、ロボットには「花子」などの名前をつけ、落語にはオチをつけ、携帯メールには絵文字、「ＬＩＮＥ」にはスタンプを用い、酒を飲めば「シメ」の一品を欲するように、人間関係になにかしらの情緒を持ち込まないと物足りないわたしたち日本人は、片手の握手だけでは「素っ気ない」と思い、逆に相手にたいして失礼にあたるのではないか、と思ってしまったのだろう。まさに「誠意は形で示せ」を実践したのだが、結果、見た目には卑屈で、実際にはかえって非礼な日本ローカルの握手になったのである。

テレビを観ていて感じるもうひとつの違和感がある。「させていただく」という言い方が頻繁に使われるようになったことである。これはむやみにへりくだる語法である。「わたしみたいな程度の低い人間は、本来ならそんなことをするのは畏《おそ》れ多いことなのですが、まことに失礼なことながら、そのようにさせていただきます」といったところか。自分で金を払って買ったのに「読ませていただく」もあるものか。「読んだ」でいいのに、わたしごときが読ませていただきました、と謙虚さを相手や世間に表明したいのである。

もともと日本は「へりくだり」の文化である。贈り物をするときは「つまらないものですが」とか「お口汚しで」といい、「拙者《せつしゃ》」「拙著《せつちょ》」「愚考」「愚妻・豚児《とんじ》」とむやみにへりくだる習俗があった。だが、繰り返しになるが、客の車が見えなくなるまで頭を下げつづける自動車販売店店員や、客の注文を片膝ついて承《うけたまわ》る居酒屋の店員などは、いくらなんでも異常である（お客様より下の目線で、ということなのだろう）。

そのくせ他方では、テレビや本では「へりくだる日本」どころか、日本人の「おもてなし」や「やさしさ」の自慢、日本の技術力の高さの誇示、「クールジャパン」のみっともない押しつけなど、自画自賛の日本の主張が頻繁である。以前は「世界のミフネ（三船敏郎）」

といい、いまでも「世界のキタノ（北野武）」や「世界のオザワ（小沢征爾《せいじ》）」などといいたがる。知ってか知らずか、いまだにマスコミはこのような植民地的根性丸出しの言い方（見出し語）をやめようとしない。

わたしたちが上から下まで求めているのは、じつは、国民的自我（プライド）を満足させてくれる他国からの、そして来日外国人からの尊敬である（現在では「リスペクト」という言葉のほうが通りがいい）。「両手握手」は形だけのへりくだり、「させていただく」は言葉だけのへりくだり、本の世界で急増した「です・ます調」は文字面だけのへりくだりにすぎない。日本人の優秀さの露骨な自画自賛は、その「へりくだり」をひっくり返したうぬぼれである。すでに、日本人は世界の寵児《ちようじ》だといわんばかりの風潮もある。

二〇一六年七月、バングラデシュのダッカで日本人七人がテロリストによって殺害された。すると『週刊新潮』に「『私は日本人だ』を一顧だにしない『バングラ・テロ』」の見出しが出て、わたしはばかじゃないかと思った。記事は読まなかった。読めよ、という話でもなかろう。こんな寝ぼけた見出しを見るだけで十分である。

殺害された日本人たちはバングラデシュの発展のために尽くしていた人たちだ。それに日本人といえば、優しく穏やかで、礼儀正しく、他人に対する「おもてなし」で有名な国民だと、世界で認知されているはずではないか。この見出しを考えた編集部は、危機に際してこちらが「わたしは日本人だ」といえば、それが世界各国で通用する免罪符だとでも思ったのだろうか。が、そんな自画自賛は勝手に思いあがった日本人のいじましい錯覚でしかない。「日本人だと？　それがどうした？」で終わりである。世界にとっては「日本人」なんかどうでもいいのである。

わたしも、日本人は全体としては優秀であると思っている。明治の近代化や敗戦後の復興だけをとっても、そのことは明白である。秩序を守り、向上心があり、勤勉、というのはほんとうだと思う。親切で控え目で気配りができる。繊細な感覚を持ち、暴力的ではない。しかしこれらの美点も裏を返せば、羊のようにおとなしく従順で大勢《たいせい》順応ということになる。年上か年下か、先輩か後輩かの上下関係に異常なまでにこだわり、相手が下だとわかると傲慢になり、上だとわかるとコメツキバッタのように這いつくばる。小権力をもてば、パワハラもセクハラもやりたい放題。人にも依存し放題。同調強制型で、非寛容で、こすっからくて付和雷同的で、そのくせ幼稚な形式主義者でもある。

自分の判断より「権威」に依存する

結局、真実を知りたくないのも、自分にしがみつくのも、他人に依りかかるのも、心の平安を求め、健康・長寿を願い、損をしたくなく、果ては死にたくない、と思いすぎるからである。それらの不安を鎮《しず》めてくれるのが、「権威」である。権威とは学者、専門家、新聞、本（活字）だが、「ブランド」や「流行」や「世間（大勢、マスコミ）」も入る。

生物学者の池田清彦はこういっている。「みんな、自分の身の安全や健康が大事だから、それを守るためには金を出す。もしそれがインチキでも、自分ではすぐに確かめることができなくて、多くの人が良いと言っているから良い、というような水準で物事を判断していくようになる」「そもそも、子どもは何かあるとすぐに死ぬことがあるというのがかつての常識だった。だが、今の親は、子どもは絶対に死なないものだとでも思っているかのようである」（『この世はウソでできている』新潮文庫）。

池田は科学者だから、いくつかの社会的な事象についても以下のように明言している。ここまで明言されると、小気味《こきみ》がいい。一九九九年、テレビ朝日の「ニュースステーション」発のダイオキシン騒動によって成立したダイオキシン類対策特別措置法によって「儲けたのはハイテクの高級焼却炉をつくるメーカー」、「禁煙外来」も「トクホ（特保）」も「新興宗教の勧誘文句のような言葉を並べ立ててキャンペーンを張り、『国民の健康と安全のため』という大義名分で法や規制を作ったり変えたりしながら、官僚の利権と結びつく形で金儲けをした手口である」（そういえば二〇一六年、六食品が関与成分不足の理由で「トクホ」表示を取り消された。その後、消費者庁が全食品の再調査を要請）。

池田が住んでいる市の健康福祉課から調査票が送られてきた。健康や気力に関する調査で、「毎日の生活が充実していると感じますか」という質問項目もあった。なんでそんなことを市の人間にいわなければいけないのか、「よけいなお世話」だと池田は怒っている。「どうでもいいことをわざわざ書いた調査票を送ってくるんじゃねえよ」「健康福祉課だの高齢者支援課だのが立ち上がると、こういうよけいな仕事をみずからつくってしまうのだ。この種の調査がなくなれば自分たちの仕事がなくなってしまうから、一度つくった調査制度をなかなかなくさない。結局、社会福祉士や、保健師や、看護師や、ケアマネジャーといった専門職員を、税金で食わせるために、こんなくだらないことをやっているのである」。これは池田清彦のいうとおりなのか？

無駄な医療費を使っているという理由から、池田は健康診断は受けない。タバコは吸わないが、「副流煙こそが危険だという『受動喫煙の害』」に疑問符をつけ、「大規模地震対策特別措置法」についても「所轄官庁と一部の特権的な地震学者は、甘い汁を吸いつづけてきた。国民の恐怖を煽り、予防原則という理念を盾に、できもしないことをできると言って、多額の税金を使」ってきた。しかし「やはり、地震予知はできないのである」。

もうアドレナリンが出まくって、池田の言葉が激してくる。「分業システムと貨幣経済の中で生きている現代の人々は、言ってみれば、『自己家畜化』した人間である」。もう大人しい言葉ではラチがあかない、「自己家畜化」ぐらいのことをいわなければ、こいつらは目を覚まさないぜ、と怒っているのだ。「環境や健康に対するリスクを減らすためという口上によって人はみずからすすんで権力のコントロールに従うし、みずからすすんで管理されたがる。自己家畜化した人間こそが、環境や健康、そして安全のため、という口上付きのウソに、簡単にだまされてしまうのである」

しかし、よっ大統領！　と拍手だけしているわけにもいかない。池田清彦はリバタリアン（完全自由主義者）だから、人間の自由を規制しようとする権力や権威が大嫌いである。勢い余ってへんなこともいっているのだ。「医者になるのに医師免許は不要」とか、「大麻取締法は天下の悪法」とか、ネットで襲撃予告や爆破予告や無差別殺人予告をする「愉快犯」は、もし「実害」がないとわかったら「逮捕」などせず「放って」おけばいいとか。わたしは池田の考えにほとんど同意するのだが、これらはいかにも無責任でのんきな傍観者の言い草であろう。

権力や権威に従順なのが「自己家畜」だとしたら、事は権力だけではない。金や成功が一番の「自己家畜」もいるし、自分の利益一番も「自己家畜」なら、匿名に隠れたネット上の「自己家畜」もいるし、流行り事ならどんなイベントでも尻馬に乗って騒ぐ「自己家畜」もいる。また、主義に硬直した「自己家畜」もいる。池田清彦も「リバタリアン」という「自己家畜」でなければ幸いである。

「自己家畜」にならない生き方は可能か。なにものにも依存せず、ウソにだまされず、自分にウソもつかず、春風駘蕩《しゅんぷうたいとう》、安心立命、自然法爾《じねんほうに》、泰然自若《たいぜんじじゃく》とした生き方は可能か。理屈上は可能である。簡単である。自我への執着を捨て去ればいい。これだけでいい。認められたい、受けたい、自分の思い通りにしたい、楽して金儲けしたい、長生きしたい、得をしたい、有名になりたい、もてたい、頭がいいと思われたい、結婚したい、死にたくない――つまり、これらの欲求や欲望の大本の自我を捨て去れば、「自己家畜化」することなく、自由に生きていくことができる。「自己家畜化」の「自己」がなくなるのだから。

これらの欲求や欲望は、もちろんそれ自体は悪いことではない。生きていくモチベーションになるものだが、それだけが過剰になったり、それに執着しすぎることがよくない。その実現のために人をコントロールし、他人を恨み、逆に自分を卑下し、権威や権力にコントロールされる自分を許すことがよくない。

で、実際に、自我を捨てることができるか？　まずできない。偉い坊さんだってできない。だから理屈なのである。自分を捨てることよりも、他人にウソをつき、自分にウソをつき、他人を恨み、自分を可哀想に思うことのほうがはるかに簡単だからである。素の自分をさらけだすことより、身を飾ることのほうが簡単である。

なにかに依存したり、人を怒鳴りつけて服従させたり、ウソをつくことは子どもだってできる。だれでも容易にできることは、多数派を形成して強いのである。こういっては語弊があるが、性行為や結婚などは、その気になればばかでもできるのである。なのに、結婚ができなかったり、子どもができなかったりすると、〝負けている人〟と見下される風潮がいまだにある。自分もそう思わされてしまう。女の人に多い。

自我を捨てることはできない。だが、だれでもしていることから外れた、自由な考え方をもつことは、かなりな程度できる。ただし、それでもなお、できないことはできない。無理なものは無理である。そのことを受け入れ、その環境の中で、自分はこれでいい、自分なりにちゃんと生きていける、と思えるかどうかが、「自立」か「自己家畜化」するかの分岐点である。

第五章

ウソの品質

人は自我があるからウソをつく

『旧約聖書』の「出エジプト記」にある十戒のなかには、「あなたの隣人に対し、偽りの証言をしてはならない」という戒《いまし》めがあり、会津藩士《あいづはんし》の少年たちに教えられた「什《じゅう》の掟《おきて》」には「嘘言《うそ》を言ふことはなりませぬ」があった。無条件である。なぜウソをついてはならないのか、と問うてもしようがない。なぜ寝っ転がってご飯を食べてはいけないのか、と問うてもしようがないのとおなじである。それは不作法だ、と人間が決めたのだ。「什の掟」なら「ならぬことはならぬものです」といっておしまいである。

これはふたつとも、ウソは絶対悪だといっているのではない（と思う）。なぜなら、それは現実的には無理だからである。どんな親でも子どもにはウソはつくなと教える。だが、子どもに「ウソをいうんじゃない」というその親が、ウソをつく。教師もウソをつく。「You're a liar.」と男を非難するアメリカ人女性も当然ウソをつく。必要悪だからである。そういえるなら、ウソは基本悪である。

人間はウソをつくことができる唯一の動物である。人間であるかぎりウソをつくことからまぬがれることはできない。もしかしたら、わたしはただの一度もウソをついたことがない、それでも人間関係にはなんの問題もなかった、という人がいるかもしれない。ぜひ、いてもらいたいものだ。だが、ほとんどの人間はウソをつく（一人の例外もなく、といいたいが）。なぜか。人間は一人ひとり自我をもっているからである。この自我は本能的に快を求め、不快を避けようとする。わたしたちは自分を救い、人間関係を転覆《てんぷく》させないために、不可避的にウソをつくのである。ウソをつくことは快感ではないが、身に降りかかってくる恐れのある不快を避ける役には立つ。

前にふれた若狭勝は、人がウソをつく理由を四つ挙げている（前出『嘘の見抜き方』）。かれが対峙したのは犯罪容疑者だから、かれの仕事じたいがウソを見抜くことだったといっていい。そのウソの四つの理由とは、「①自分を守ろうとする「防御の嘘」、②自分を大きく見せようとする「背伸びの嘘」、③他人を陥れるための「欺瞞の嘘」、④他人を守るための「擁護《ようご》の嘘」」である。①②③は「自分のためにつく嘘」であり、④は「人のためにつく嘘」といっている。

わたしも考えてみたが、この四つ以外に思いつかない。わたしたちが日々ウソをつく理由の大半は①だといっていい。犯罪容疑者の否認も全部これであろう。自我の防衛本能からくるものである。②はホラ話や自慢話の類《たぐ》いである。挨拶に困るウソで、最初は笑って流したりするが、頻繁《ひんぱん》にこれをやられると「またか」とうんざりする。これは自我の快感欲求（快感原則）から生じるものである。③は詐欺師を除けば、そうそうあるものではないだろう。

「防御の嘘」を若狭は「本能」だといっている。「自己防衛として、真実を覆い隠し、隠蔽し、ごまかすのはある意味必然なのです」「自らにやましい部分があり、その疑いをかけられたとき、真実を全てありのままに話すことができる人はまずいない」。これは若狭自身の「信念であり、経験則」だといっている。「私が被疑者になってもそうでしょう」。なぜならこの「防御の嘘」は「本能の嘘」みたいなものだからである。

ただ、この「本能の嘘」はすこしいいすぎである。自己肯定を欲し、自己の否定を避けたがるのは自我の本能（「人間の本能は壊れている」という岸田秀《しゅう》理論をわたしはかなり信じているから、せいぜい「本能的」）だといっていい。つまりわたしたちは快と楽を求め、不快と苦を避けて身を守ろうとする。物が飛んでくると思わず手で防ごうとする反射行動は本能である。ところが、防御のためのウソには、そのような反射的無意識がない。かならず打算が働いている（意想外のことを聞くと、英語では"Really?"と訊き返すが、日本語だと"ウソ！"になるのはなんなのだろう）。損をしたくない、責任をとりたくない、ということによるウソは、実情は他人から怒られたくない、責められたくない、ということである。

もし「防御の嘘」が「本能」なら、おれはつきたくてウソをついたのではない、本能だからしかたないじゃないか、と開き直ることができる。「性欲を抑えきれなかった」と女性を強姦《ごうかん》した男は、おれのせいじゃない、本能に文句をいってくれ、と言い逃れることが可能となる（まあ、ならないが）。愉快な感情や、悲しみや怒りの感情が生じるのは本能（自然）である。だから、人から「バカ」といわれると腹が立つ。

感情が生起するのは本能だが、しかし、それを外に表すか否かはまた別のことである。わたしたちは自分が悪いとわかっていても、他人からそれを責められたくないのだ（だからアメリカ人は原爆投下や、東京や富山の大空襲の罪を認めない。当然である）。なぜなら人間には本能のほかに、それを制御しようとする意志と理性があるからである。意志や理性は快・

不快で動くのではない。正否で動く。ただし意志や理性の強弱は人による。その人のなかでも状況による。一般的にいえば、本能的欲求の期待値が大きかったり、不快の現実や予想度が大きいと、理性というやつはからっきし弱いのである。「意志」も「理性」も言葉や概念は立派なのだが、どうも頼りにならない。

商品の品質は「信頼性」にある

編集サイドから与えられた本書のテーマの一つに、「ウソの品質というものは考えられないか?」というものがあった。一瞬、面食らった。どうやらかれらは、安倍首相の「アンダー・コントロール」を悪質なウソと見なしているようだった。そりゃあまあ、悪質といえば悪質ではあろうが……。それはいいとして、品質というからには低品質と高品質がなければならない。では、最高品質の「ウソ」とはどういうものなのか……?

ウソに軽重はあるが、いったい「品質」などあるのか? 品質といえば一般的には物に関してである。最近では「QOL=クオリティ・オブ・ライフ」ということで、「生活(人生）の質」も問われるようになっている。品質が問われるのは、物も生活も人間の人生にとって必要だからである。逆にいえば、人間が生きていくうえで必要とされるから、その品質が問われるのである。

はたして、ウソは人間の生活にとって必要か？　もしウソが必要でなければ、品質もへったくれもないのである。当然、ウソは必要である。だから「嘘も方便」という言葉がいまも生きている。「嘘つきは泥棒のはじまり」というが、こっちはそんなことはない。ウソは絶対悪ではない。先に基本悪とか必要悪と書いたが、ときに「悪」でさえない。不可避的なウソというものがあるからだ。ウソがなければ世の中はもたない。といってももちろん、なんでもかんでもウソをつけばいいというものでもない。だとしたら、問われるべきは「ウソの品質」である。

と考えてみて、なるほどな、この線でいけばなんとか書けるかもしれない、とは思ったのだが、それでも胡乱《うろん》であった。不可避的なウソや義務としてのウソはあるだろう。しかし依然として、最高品質のウソの例が思い浮かばないのだ。

「品質」を手元の辞書で引いてみると「〈良・不良が問題になる〉品物の性質」とある。そのままだ。ではそもそも「品物」とはなんなのだと引いてみると、一言「しな」とあり、なんだ、これもそのままかと思いながら、今度はその「品」を引く。そこには「もと、等級・地位の意」とあって、①「鑑賞・使用・保存などに堪える何物か。〔広義では、商品を指す〕」、②「〔材料や性能のいい・悪いによって区別された〕物の種類」とある（『新明解国語辞典』三省堂）。なるほど。うまくまとめるものである。

品質とはただの「物」に関する概念ではない。「鑑賞・使用・保存などに堪える」という条件が必要であり、通常では「商品」や「製品」のことである（売り物でなく、自作の物でもいいのだが）。小はノミやカンナから、大はマンションや高層ビルまで。自転車から、高級車や大型ブルドーザーまで。小舟から、大型タンカーや豪華客船まで。拳銃から、イージス艦や原子力空母《くうぼ》まで。トースターや腕時計から、原子炉や宇宙ロケットまでがそうである。木や土は物である。それが建材や陶器の材料として使われるとき、有用性や純度や性質や使い勝手が問われることになる。水が酒造りやわさび栽培や豆腐づくりに使われるとき、その「品質」が問われるのである。

商品や製品や建造物に要求されるのは、正確さ、精緻《せいち》さ（精巧さ）、堅牢《けんろう》性（耐久性、強《きょう》靭《じん》さ）、純度、使いやすさ、といった性能である。性能が意味するものは、つまるところ商品や製品の信頼性である。ひいてはそれは、その商品を作っている会社への信頼性となる。商品に要求されるもうひとつはデザインである。ただしこれは品質とは直接関係がない。これは性能のように数値化されない。その優美さや個性が問われ、これは付加価値である。デザインは購入者の好悪に訴える。信頼性とデザインを支える理念は、一言で「カスタマー・サティスファクション」（顧客満足）といわれる。これを品質の基準といっていい。

昔、高品質の物は値が高く、低品質の物は安かった。安物は、安かろう悪かろう、といわれた。「悪かろう」は、いうまでもなく品質のことである。今でも車の価値は大衆車、高級車、日本車、外車と分かれている。価格の差は歴然である。だが、性能の差は価格差ほどはない。料理の品質というと、語がなじまないが、ここにも月とスッポンほどの価格差がある。かたや高級料理（寿司、フレンチ、懐石）があれば、こちらにB級グルメ（大衆食）がある。服にも高級店があれば大衆向けの店がある。が、これにも価格差ほどの味の差や着心地の差があるわけではない。二万五〇〇〇円の高級寿司が八〇〇円のランチ寿司の三〇倍うまいわけではない。

「ウソの品質」とはなにか

この本にとりかかるまでは、ウソの「品質」など考えたこともなかった。安倍首相の「コントロールされている」発言を聞いたときも、「まあ、ぬけぬけと」とは思ったが、ことさらに「悪質なウソ」とも思わず、すぐに忘れてしまったのである。当然である(東京都知事選に出馬した鳥越《とりごえ》俊太郎は、安倍を「世界中にうそをついた」「うそつき」と非難したが、わたしの考えでは、鳥越もまたそれほど信用できる人間ではない。人は他人には厳しいが、自分にはいかに甘いことか。が、それも過ぎ去ったことである。いまさらどうでもいい)。

もし安倍首相の発言が悪質なウソだとするなら、その反対の良質のウソというのもあるはずである。そうでなければ「ウソの品質」など成立しない。そこでいろいろと考えてみたのだが、わたしの思考の幅が狭く、具体的な例がひとつも思い浮かばなかった。しかし無理に「ウソの品質」のもっともらしいランキングをつくることができないわけではない。以下はその試案である(詐欺はウソつきではなく職業だから除外)。

［レベル1］　最悪なのは、自分が助かるために、他人に責任を転嫁《てんか》するウソ。たとえば、犯罪で主犯や共犯者を捏造《ねつぞう》する。

［レベル2］　自分の嫉妬や陰湿な快感のために、他人を陥《おとし》いれるウソ。たとえば、同期の出世頭への誹謗中傷《ひぼうちゅうしょう》。

［レベル3］　自分が助かるためだけのウソ。たとえば、万引きの否認。

［レベル4］　自分の快のために、他人を軽くだまし、ほらを吹き、自慢する。

これと同格に、自分をごまかすウソがある。おれがその気になればできるんだ。みんなばかばっかしだ、という人。昔、わたしの上司に「おれだってやるときはやるんだ！」といった人がいた。わたしは「いつもやれよ」と思った。

［レベル5］　他人を励ますウソ（ほんとうのときもある）。親が子に「あんたはやればできるんだよ」というような場合。しかし島田紳助は、自分がばかだとわかっていたから、いくら親からそういわれても、まったく信じなかったといっていた。黒柳徹子は「トットちゃん」と呼ばれていたころ、通っていたトモエ学園（小学校）の校長から「君は、本当は、いい子なんだよ！」といわれた。その言葉は黒柳の心の支えになったという。ほかには、妻

が夫に「よかったね、ガンじゃなかったんだって」という。医者が患者に「大丈夫ですよ」という。

［レベル6］　最良のウソは、人を助けるために、それは自分の責任だというウソ。人をかばうための自己犠牲である。ただし、かばうに足る正当な理由がなければならない。

それ以外に［レベル0］の他愛ないジョークとしてのウソがある。「パリ生まれのおれにいわせればだな」といった類いである。本人はおもしろいつもりだが、こっちはそうでもない。即座に「コマンタレヴ？」と乗ってやるのもめんどうである。この類いのウソはすぐにバレることと無害であることが前提である。

だいたい、「ウソの品質」は以上のようにまとめることができるのではないか。もっとあるよ、とさらに細分化してみたところで、しかたがない気がする。ようするに、被害者を出すか出さないか、もしくは被害の度合いによって、ウソの良否が決まる。もうひとつ、自我の欲求や快に近いウソほど醜《みにく》く、自我から遠ざかって、他人のためという思いが強いウソほど許される、ということである。

だがこのようにまとめてみたところで心許《こころもと》ない。当然限度もある。というのも、商品は単体で成立している。使用目的に照らして品質を評価することができる。なんだこのパソコン、またフリーズしやがった、出来が悪いな、というように。しかし、ウソは人間関係（自己関係）のなかで生じるものである。ウソをつく人間がいて、ウソをつかれる人間がいる。人間関係の歴史があり、現在の状況がある。個々の人間の性格が異なり、考え方が異なる。だから、よかれと思ってついたウソが、人によっては「なんでおれがガンだってこと黙っていた！」といわれかねないのである。

この吹きこぼれ防止器は「一〇〇均」で買ったんだが、安い割にはよくできてるよ、ということはある。この寿司ランチは八〇〇円だが、うまさも量もこれで十分だなとか、この車は性能・デザインともにパーフェクトだ、ということはある。商品は単体で成立しているからである。しかし「ウソ」だけを取りあげて、その品質を云々することは不可能だし無意味でもあろう。ウソをついた人間とウソをつかれた人間とかならずセットだからである。言葉に罪はない。言葉なんかどうにでもごまかせると、言葉を舐めた者、あるいは言葉と人間は別物だと思っている者が、平気でウソをつくのである。

問題は「人間の品質」である

ウソは雲のように空気中にいきなり出現するものではない。それはかならず人間の口から出てくるものである。であるからには、ウソの良し悪し、つまりウソの品質は、その人間の品質と無関係ではない。とするなら、問われるべきは、だれにたいしてどんな場合にどんなウソをつくのか、あるいはそれをいかに抑えうるのかという、人間の品質である。

だから人の評価が落ちるのは、「あの人がほんとにそんなことをいったのか（したのか）?」といった、その人の既成イメージの裏切りによってではない。それを問われたときに、「いや、おれはそんなことといってないよ（してないよ）。おれがそんなことという（するわけないじゃないか」と、あきらかな事実（事実だとわかっていなければならない）をあきらかなウソでごまかそうとするときである。そのとき、その人の信頼性が壊れるのである。一つの性格的欠陥なら玉にキズですむが、一回のウソは一〇〇の信頼性を破壊しかねない。

問題は人間の品質である。人間の品質?——また大きくでたもんだな。あんたは曽野綾子か坂東眞理子か藤原正彦か西尾幹二《かんじ》か、と思われるかもしれないが、そうではない。なにも「人間とはなにか?」を問おうというのではない。人は人の演技によって容易に騙されてしまうものである。しかし騙している人間の言動の連続性を見ていれば、案外、その人の本質を見抜くこともできるのである。不肖《ふしょう》わたしも人並みに、人間を七十年間やってきた。見るべきものは見たと豪語するつもりはまったくないが、そこそこは人間を見てきた。で、自分は個々の人を見抜く力がわりとあると多少うぬぼれてもいたのである。ところが人間全体にたいする認識となると、ほとんどが外れたのである。

たとえばカラオケが出はじめた当初、だれが行くのかねと思っていたら、老若男女がこぞって歌いはじめて驚いた。「ルンバ」という自動掃除機をだれが買うのかねと思っていたら、これが大ヒットしたらしく、ブログやツイッターやフェイスブックなんか素人になんの用があるかと思っていたら、日本はなんと世界一のブログ大国になったのだという。

とどめは携帯電話である。わたしはこんなものが普及するわけがないと思っていた。それがあれよあれよという間に、全国で猖獗《しょうけつ》をきわめて愕然《がくぜん》としたのである。まあ若者はしようがないなと、適当な妥協をして手を打とうとしたら、子どもにまで普及し、まさかじいさんばあさんまでが手を出すことはあるまいと思っていたら、いまやいい齢《とし》をしたおっさんが自転車に乗りながら、あるいは小便をしながらスマートフォンを見ている有様《ありさま》で、わたしの人間認識にたいする自信は木端微塵《こっぱみじん》に粉砕されてしまったのである。

まあわたしの人間認識というより、わたしが時代をやりすごしただけのことである。問題は個々の人である。人間には、ろくでなしから人格者までいるが、人格者というのもどこかいんちきくさい。人格者と見えた人が、とんだ食わせ者だったなんてことはざらにあるからである。職業は人間を保証しない。医者——じつはただのエロおやじ、警察官——じつはレイプ男、消防官や自衛官——じつは変態いじめ男、役人——じつはストーカー、教師——じつはロリコンに盗撮男、政治家——じつは大ウソつき、じつはパワハラ、大学教授——じつはセクハラおやじという例はめずらしくない。人格者も尊敬を集める職業も、容易にメッキが剝げる。人間の品質に、職業上の社会的属性や価値は関係がないのだ。

人間の品質を判断する基準のひとつに、「権力」や「権威」にふんぞり返らない者、ということが挙げられる。つまり社会的属性を笠《かさ》に着ない者、それを私利私欲に利用しない者、それによって他人を支配しない者である。人間は自分の意のままに人を支配することがよほどうれしいらしい。どんなに小さくても社会的な力や地位を得ると、とたんに威張り出す者が少なくない。社会的な力や地位を得られない者は、暴力や身体装飾や大声や態度で代替する者もいる。「男」であること、「大人」や「親」であること、ただ「先に生まれただけ」のことに依存する人間もおなじである。

ふたつめは、商品とおなじである。その人間に「信頼性」があるかどうかである。約束は守るから、その人は頼りになる。ウソはつかないから、その人のいうことが信用できる。成功は自分のもの、失敗は全部他人のせい、にしない。仕事は「正確」であり、目配りは「精緻」であり、なにごとにおいても「耐久性」と「強靱さ」がある、ということが信頼性につながる。使いやすさではなく「気やすさ」があり、デザインの優美さは「やさしさ」である。言葉を作るなら「ヒューマン・サティスファクション」（人間満足）の人となるだろうか。ほかにもう三つほど挙げて五つくらいの品質要素を揃えればサマになるのだろうが、人間の品質の条件は、この二つの基準だけで十分だとわたしには思われる。

「この顔が嘘をつく顔に見えますか?」

地位が人をつくる、といわれる。その地位に就けば、負うべき責任を自覚し、その地位にふさわしい人間に成長するように努める、と考えられているからだ。「とんびが鷹《たか》になったな」というように、そういうことがないとはいわない。が、多くは、「あいつは変わったな、いきなり偉そうにしやがって」となるのではないか。「一回戦で負けるぞ」の吉田清一議員など、地位が人をつくるどころか、地位を得て、益々尊大になってしまった最悪のケースのように見える。最悪ではないが、ほかにこんなケースもある。

古い話になるが一九五〇年、池田勇人《はやと》が大蔵大臣だったとき、「貧乏人は麦を食え」といったと大々的に報じられて物議《ぶつぎ》をかもした。正確には「所得に応じて、所得の少ない人は麦を多く食う、所得の多い人は米を食うというような、経済の原則に沿ったほうへ持って行きたい」といったらしい。池田はまた総理就任の際、一九六〇年の総選挙の前の自民党のテレビCMで、十年以内に国民所得を倍増する政策を発表し、「私はウソは申しません」

といった。これまた有名になった言葉だ。

日本の高度経済成長で国民の所得が大幅に上昇したのはたしかである。「私はウソは申しません」の結果かどうかは知らないが、政治家にはときにこのように言明する必要はあるだろう。しかし一九八六年、衆参同日選挙で中曽根康弘首相は大型間接税は導入しないと選挙公約し「この顔が嘘をつく顔に見えますか?」とまでいった。が、選挙に大勝するやいなや、その公約をホゴにして五パーセントの売上税を導入しようとした。

中曽根はウソつきと批判され、翌年の統一地方選挙で自民党は大敗し、法案は廃案となった。「この顔が嘘をつく顔に見えますか?」。知らんがな、である。いったいどういう自信なのだ? 池田勇人の言葉のほうが政治家としての言葉としてははるかに上である。中曽根の言葉は「ただの男」の言葉である。女の人に「おれがウソつくような顔をしてるか?」。「してるよ」といわれたらどうするのか? 「ウソつきの国」は今に始まったことではない。

二〇一四年三月に小見山幸治《こみやまよしはる》民主党議員(五十三歳)が、ライザップを利用し、七五万円を払った。政治資金の私的流用ではないかとの疑惑に小見山議員は「ライザップの肉体改造がどのようなものか体験して見識を高め、スポーツ振興に役立つのか確かめるためだった。政治活動の一環で、支出に問題はないと認識している」と弁明した（『毎日新聞』二〇一五年十一月二十八日夕刊）。言葉は舐められ、いいように使われている。もう、なんだっていえるのである。小見山はここで、ウソの卑小さに見あった卑小な人間になっている。

これは最近あきらかになった話である。二〇一一年の福島第一原発事故の三日目に、官邸から東電に、記者会見では「炉心溶融《ろしんようゆう》」「メルトダウン」という言葉は「絶対に使うな」という指示があった、ということが、二〇一六年六月に判明した。当時の菅直人《かんなおと》首相、官房長官だった枝野幸男《えだのゆきお》は早速これを否定した。官邸からの電話を受けた東電の担当者に、官邸のだれから連絡が入ったのかを訊いてみればわかることなのに、東電はそこまで追及する考えがないと決めた。しかし、官邸からの連絡はだれだれからでした、といっても、そのだれだれは、そんな連絡はしていないとかならず否定するだろうから、結局、真相はわからずじまいである。そのままうやむやになった。

世の中には邪悪な人間がいる

世の中に、「人を殺してみたかった」といって殺人を犯す人間が出てきた（かれらの「心の闇」など探っても無駄である。なにもない。どこかで自分にウソをついている）。しかし現在、わたしの周囲に理解不能なほどの邪悪な人間はいない（この男はちょっと頭のネジが緩んでるな、というのはいる）。過去の記憶を探ってみても、そんな人間はひとりとしていなかった。いたとしてもせいぜい、うっとうしい自己アピールをしたり、エゴがすこし強すぎたり、自己防衛のためにすぐにばれるようなウソをついたりする程度の人間だった。いずれも人間としての許容範囲に収まる人たちで、とても「邪悪」とはいえない。わたしだって自己保身のためにウソをついたことがないわけではない。

しかし、いるところにはそれこそ学校や会社や組織や近隣のどこにでも、人を人とも思わない連中が少数ではあろうが、いるであろう。自分の利益や快楽のためには、平気で人を利用し、騒ぎを起こし、いじめ、裏切り、だまし、犠牲にし、破壊するような人間である。そういう人間がときにニュースに登場する（幼児を虐待する親や、店員に土下座を強要する客や、難癖《なんくせ》をつけては怒鳴りつけ、わずかでも利益を掠《かす》めとろうとするクレーマーや、部下を心身両面でいたぶっては喜ぶ上司、など）。もし身近にそんな人間がいたらたまったものではない。が、そんな輩《やから》も、自分の交際範囲内では意外と外面《そとづら》はいいのかもしれない。

暮らしのなかで邪悪な人間だけが問題なのではない。いささか常識外れの人間もまた、そのエゴ行為が積み重なればうっとうしいことに変わりはない。たとえば、近所から出てくる大騒音ががまんできないことは当然だが、長時間にわたって出される微量な音もまた、これはこれで神経に障るものである。エネファーム（家庭用燃料電池）の低周波音に苦情を訴える人が少なくないようだが、そういうことはあるのである。延々とつづく車のアイドリングもそうであろう。

他人の無意識の迷惑行為が、邪悪な行為に変わるのは、そこに〈悪意〉があるかどうかに依《よ》っている。わたしたちは、迷惑をかけてくる相手に〈悪意〉を感じると、その人間を邪悪な人間とみなす。ところが面妖《めんよう》なことに、相手もこっちを、すぐ文句をいってくる〈悪意〉のあるいけ好かない人間と見るのである。だからといって、そんなかれらが全面的に邪悪だというわけではない。かれらは仲のいい家族を持ち、会社のなかでは如才《じょさい》なくやっており、数多くの友人がいたりするのである。もうわけがわからない。

スコット・ペックは、真に邪悪な人間をこういっている。「私自身の経験によれば、真に邪悪な人間とはごくありふれた人間であり、通常は、表面的に観察するかぎりでは普通の人間のように見えるものである」「邪悪な人間は、自分の欠陥を認めることを拒否し、自分自身の邪悪性を他人に投影しようとするものだ」。かれらの「最も特徴的な行動」は「他人をスケープゴートにする、つまり他人に罪を転嫁することである」。「自己嫌悪の欠如、自分自身にたいする不快感の欠如」が「邪悪」なのである(『平気でうそをつく人たち――虚偽と邪悪の心理学』〔草思社文庫〕。この本の原題は「PEOPLE OF THE LIE」だから、「ウソ」について役に立つかと思ったら、もっとひどい「邪悪」(evil)について書いていて、それほど参考にはならなかったのだが、読み物としては非常におもしろかった)。

スコット・ペックは、ウソには「許されやすいうそと許しがたいうそ」があるといっている。「最近うそをついたことがない、というほど良心的な人であっても、なんらかのかたちで自分自身にうそをつかなかったかどうか考えてみる必要がある」。つまりかれは、どんな人間もかならずウソをつく、といっている。「われわれはみな罪びとである」「うそというのは悪の症候のひとつであると同時にその原因のひとつでもある。つまり、悪の花であると同時に悪の根ともなっているものである」

これは『新約聖書』の「罪のない者だけ石を投げよ」(『ヨハネ福音書』第八章一―一一節)とおなじことをいっているのか。もちろん、いわんとしていることはわかる。「あいつだけにはいわれたくない」ということはあるものである。わたしも自分を棚に上げてものをいうことは好きではない。だが、それも程度問題だという気がする。「われわれはみな罪びとである」というのはそうかもしれぬが、そういってはすべてがそこで終わりとなる。『神の加護がなかったならば自分もそうなっていただろう』という内省こそ、他人の悪を判断する際につねに忘れてはならないものである」。けれどこれでは、「他人の悪を判断」できても、なにもいえないことになる。

自縄自縛の「善良でやさしい人」

心理学者のマーサ・スタウトによれば、「サイコパシー」（精神病質）と「ソシオパシー」（社会病質）はともに「反社会性人格障害」と総称されてほぼおなじだが、「サイコパス」（精神病質者）は、とくにこのような人間とされている。

口が達者で表面的には魅力的、刺激にたいする欲求が強く、法的リスクを冒すことがある。人を操作し危険な冒険に引きずりこみ、「病的に嘘をつき、人をだます」。他人に寄生して、まったくの無責任で反省など微塵《みじん》もなく、感情が薄く、悲しんだり苦しんだりしない。罪悪感も良心の呵責《かしやく》もまったくない、「自分自身と、自分の生活に満足して」おり、唯一の価値観は「勝つことがすべて」。すなわち一言でいうとまったく「良心をもたない」人間（『良心をもたない人たち』草思社文庫）。

サイコパスのなかにも、カリスマ性をもったサイコパスというのがいるらしい。こういう人間のことだ。「彼らは私たちに、自分の暮らしが退屈な規則に縛られて輝きをうしなっていると思わせる。そしてもっと意味のある、胸の躍る人生を送っている彼にしたがうべきだと考えさせる」。これを読んで思い浮かぶのは、怪しげな新興宗教の指導者である。が、わたしはそういう人物の実態を知らないからなんともいえない。

スタウトはスコット・ペックとおなじようなことをいっている。ただし、「われわれはみな罪びとである」といってはいない。悪しき事件を犯す者は、わたしたちの「影」だとわたしたちが思ってしまう、というのである。事態は「ウソ」といった段階ではない。もっと深刻な段階である。

多くの人は、悪しき事件をサイコパスと結びつけて考えたがらない。特定の人間だけが根っからの恥知らずで、ほかの人たちはちがうと認めるのがむずかしいからだ。それは人間の「影の理論」とでも言うべきもののためだ。影の理論――人はだれもみな、ふつうは表にでない「影の部分」をもっているという考え方である――は、極端に言えば、一人の人間にできることは、すべての人にもできるという主張につながる。言い換えれば、状況しだいでだれもが、死の収容所の司令官にさえなれるというわけだ。

皮肉なことに、善良でやさしい人ほど、この理論の極端な形を受け入れ、自分たちも特殊な状況に置かれたら、大量殺人を犯すかもしれないと考える。だれにも少しばかり影の部分があると考えるほうが、一部の人間だけがつねに道徳の闇の部分に生きていると考えるよりも、民主的で人を糾弾するような感じが薄らぐ（不穏当なところも少ない）気がするのだ。良心が完全に欠けた人間は、実際には悪魔と同じではないが、印象はぶきみなほど近い。だが善良な人びとは、悪魔の化身の存在を信じたがらない。

じつに思い当たる。たとえば冷酷非情な犯罪者や悪逆無道《あくぎゃくむどう》の兵士たちの所業を一方的に手厳しく批判するとき、そんなことをいうおまえだって、いざとなればそんな非人間的なことをしてしまう可能性があるんだぞ、といわれかねないのである。だから自分自身も自己抑制してしまう。そういえば、学校でのいじめに自分がターゲットにならないように加担したな、一気飲みを囃《はや》したてたな、宴会で断りきれずに歌わされてしまったな、嫌々二次会三次会についていったな、と思い出してしまう。たかだかそんな程度の同調圧力にさえ屈するのに、軍隊で捕虜《ほりょ》を刺せと命令される刺突訓練を拒絶できるはずがない。

たしかにそうかもしれないなと自信がもてないものだから、だれもがそのような非人間的なことをしでかすかもしれないところが人間の恐ろしさなのだ、てなことをいってしまう。いかにも「民主的」で、深い人間洞察に通じていると思われたがっているのだが、しかし、そんなことをいってもなにをいっていることにもならない。このような自己懐疑は事態をあやふやにし、深いようで、浅さをごまかしているだけである。

この「影の理論」を受け入れる「善良でやさしい人」のひとりが辺見庸《へんみよう》である。じつをいうと、わたしにもその傾向がある。「善良でやさしい人」のひとりだからではない。単に、たいていのことを他人事とは思えない性分だからである。だが、わたしには同時に、残虐で卑劣な犯罪者は死んで当然である、それがいい過ぎなら、一生監獄に閉じ込めておけ、という〝光の理論〟をもあっさり受け入れる世俗的な部分がある。

瀬戸内寂聴《じゃくちょう》が日弁連の人権擁護大会で「(死刑制度を肯定し)殺したがるバカどもと戦ってください」と発言し、「被害者の気持ちを踏みにじる言葉だ」と批判された。彼女は「誤解を招く言葉を94歳にもなった作家で出家者の身で、口にする大バカ者こそ、さっさと死ねばいいのである。(略)お心を傷つけた方々には、心底お詫びします」(「朝日新聞」二〇一六年十月十四日)と謝罪した。

寂聴の本音だろうからそれはいいのだが、「殺したがる」がよくない(聴衆の受けねらいがあったかもしれない)。法執行機関のだれも、死刑囚を殺したがっている者などいないはずである。この発言は「影の理論」の逆である。無理やり相手を卑俗な〝光の理論〟に追いこみたがっている。

ウソの問い、ウソの真摯さ

辺見庸の『1★9★3★7』(金曜日)が一部であまりにも評判になっていたので、読んでみた。「一部」というのは、アマゾンのブックレビューのことである(二〇一六年四月七日現在、三四件のレビューのうち、じつに二七件が「★五つ」と圧倒的)。大絶賛なのだ。そんなわけはあるまい、とそれだけで鼻白《はなじら》んだ。が、あまりにも手放しの礼賛《らいさん》ぶりである。もしかしてこれまでの辺見の本とはちがって大傑作が書かれたのか、と思い、読んでみたわけである。そういうことが絶対にないとはいえない。

辺見庸は、一九三七年の南京《ナンキン》虐殺事件のときに、もし自分が兵士だったら、はたして虐殺に加わらなかったかと自問する。「おまえならどのようにふるまった(ふるまうことができた)のか、おまえなら果たして殺さなかったのか」「おまえは、軍刀をギラリとぬいてひとを斬り殺してみたくなるいっしゅんの衝動を、われにかえって狂気として対象化し、自己を抑止できただろうか」。そして、辺見は日中戦争に従軍した自分の父は、中国人を殺したのではないか、と問う。「父は殺《や》ったのだろう。直接か間接かはべつにして、殺人にかかわりはしたであろう」。だが、こんなこと推測しても意味はない。

読者は、皇軍兵士の残虐性や小林多喜二《たきじ》拷問《ごうもん》死の事実や、戦争を他人事ですませない辺見の当事者意識の姿勢に震撼《しんかん》したらしいのである。戦記物をある程度読んできた人間にとっては、書かれている戦闘の実際はいまさらおどろくほどのことでもないが、不慣れな読者には衝撃だったようである。辺見の当事者意識は、なるほど辺見の誠実であろう。辺見は自分にも「影の部分」があることを認めていて正直である。しかしあいかわらず、自分ひとりが歴史の責任を負っているという深刻ぶった姿勢が好きになれない。

いまが昭和十七年(一九四二年)で、「来月おれは陸軍に入隊するよ」というのなら、辺見のような想像は切実であろう。しかしこの平成の太平楽《たいへいらく》日本のなかに生きていて、もし自分が戦争に行っていたら、皇軍兵士のように人を殺しただろうか、もないものである。しかも七十歳を過ぎているのに。もしわたしが戦争に行っていたなら、もちろん殺したであろう。なぜなら皇軍兵士はもともと普通の農民や会社員や教師や公務員だったからである。生まれついての快楽殺人鬼だったわけではない。わたしひとりが例外であるはずもない。だが、わたしも殺しただろうといって、それがなんだというのだろう。なんの意味もない。はたしてわたしは人を殺したか？　これは「ウソの問い」である。

　わたしはエマニュエル・トッドの次の言葉に同意する。「『人間とは何か？』『国民とは何か？』という問いを立てるのは『フランス的思考』の特徴」だが、トッドは「観念的問いから出発して物事を考えたことは一度もありません」と明言している。「観念的問いから出発すれば間違いにしか至らないと、今でも考えています。内省的な思考をいくら繰り返しても、結局、外の現実に触れることはできません。こういう意味で、私はやっぱり経験主義者なのです」（『問題は英国ではない、EUなのだ――21世紀の新・国家論』文春新書）。「幸せとはなにか」「自分とはなにか」などもおなじ、ウソの問いである。

　重く、深刻で、真摯《しんし》一色の本文に比べて、気になることがある。『1★9★3★7』というタイトルである。いったいこの「★」はなんなのだ。「ダイアモンド✡ユカイ」か。「藤岡弘、」か（日本陸軍の軍帽についた星章かとも考えてみたが、そんな含意があるとも思われない）。

しかも「1937」に「イクミナ」とカナを振り、「征くみな」と読ませたりしている。本文では重苦しい表情で痛切なテーマを追求しておきながら、この「★」や「イクミナ」の軽薄さは、はたして辺見の意向なのか、それとも編集部の意向なのか（たぶん、そうなのだろう）。どっちにしても商売を意識した軽薄な余計な粉飾ではないか。『1937南京』ぐらいでいいではないか。

以下は辺見庸とは無関係である。人と接して、本を読んで、テレビを観て、解説者のコメントを聞いて、なにか居心地の悪い違和感を感じたなら、それを大切にしたほうがいい。自分の全歴史が、なんか変だな、といっているのだから。

スタウトは「サイコパスに対処する13のルール」を挙げている。サイコパスが少ないといわれるわれわれ日本人には、あまり関係がないと思われるかもしれないが、そんなことはない。サイコパスに限定することなく、常識的に見てこの人はちょっとおかしいなという人間にたいしても大いに有効である。七つほど挙げてみる。

「世の中には文字通り良心のない人たちもいるという、苦い薬を飲みこむこと」「自分の直感と、相手の肩書——教育者、医師、指導者、動物愛好家、人道主義者、親——が伝えるものとのあいだで判断が分かれたら、自分の直感にしたがうこと」（たとえば「炭水化物が人類を滅ぼす」などという医師がいたら、ばかいってんじゃない、現に滅びていないじゃないか、という自分の直感にしたがうこと）、「権威を疑うこと」「調子のいい言葉を疑うこと」「サイコパスから身を守る最良の方法は、相手を避けること、いかなる種類の連絡も絶つこと」「人に同情しやすい自分の性格に、疑問をもつこと」「治らないものを、治そうとしないこと」

ＳＮＳを通じて被害に遭った十八歳未満の児童が二〇一六年度上半期の半年で約九〇〇人に達するという（警察庁発表の「平成二十八年上半期におけるコミュニティサイト等に起因する事犯の現状と対策について」による。被害内容は、不純な性交、児童ポルノ、児童買春など）。実態はもっと多いはずである。あまりにも無防備すぎる。サイコパスならぬろくでもない小悪党は世間にうようよいるのである。

右の「ルール」のなかに、本書のテーマである「ウソ」に関係するものとしては、「どんな種類の関係であれ、新たなつきあいがはじまったときは、相手の言葉、約束、責任について、『三回の原則』をあてはめてみること」というのがある。これまた有用である。

一回の嘘、一回の約束不履行、一回の責任逃れは、誤解ということもありえる。二回つづいたら、かなりまずい相手かもしれない。だが、三回嘘が重なったら嘘つきの証拠であり、嘘は良心を欠いた行動のかなめだ。つらくても傷の浅いうちに、できるだけ早く逃げだしたほうがいい。

あなたのお金や仕事や秘密や愛情を、「三回裏切った相手」にゆだねてはならない。あなたの貴重な贈り物がまったくのむだになる。

日本的情緒に囚われて、断ったら相手に悪い、などと思わないことである。相手に悪いかどうかは、その相手の言動の連続性――人間の品質――によるのである。三回目まで待つことはない。二回目あたりで、相手のウソくさい言葉、ウソくさい質問、ウソくさい答、ウソくさい自慢、ウソくさい正論、ウソくさい立派さ、ウソくさいやさしさ、などに気づいたら、要注意である。そんなものはいくらでも簡単に偽装できるのである。おそらく、いつでもあなたの直感が正しい。

第六章

事実の集め方によって
ウソができあがる

ウソの大半は「方便」である

ウソをつくことに平気な者は、見せかけのいいウソもつくことができるだろう。が、すぐに底が割れるにちがいない。元々人間が卑小だからである。卑小さは隠し通せない。わたしはこれまで、これは見事なウソだな、というものを聞いたことがない。それはどんなウソなのか。どんなときに、どんな人がつくのだろう。

参考になるかなと、『グッド・ライ——いちばん優しい嘘』というアメリカ映画を観てみた。内戦下のスーダンから、アメリカによる難民救済計画と、兄の犠牲的行為によってアメリカに脱出することができた弟が、数年後、スーダンに帰国し、今度は自分が兄の身代わりとして現地に残り、偽造パスポートで兄をアメリカに脱出させるという物語だ。弟の自己犠牲による兄弟の入れ替わりが「グッド・ライ」ということで、それはそれでうなずけたものの（この映画は実話をもとにしている）、話があまりにも極限的、ゆえにあまりにも例外的と思われ、しっくりこなかった。

自我を抑えつけて人を助けるためにつくウソこそ、最高品質（というのもヘンだが）のウソではないか、とはわたしも考えた。〇パーセントの自我の利益（私利私欲）、一〇〇パーセントの利他によるウソが一番ではないかと。逆にいえば、一〇〇パーセント、自我（私利私欲）に凝《こ》り固まり、〇パーセントの利他のウソが最悪である。つまり、自我から離れれば離れるほどウソの品質の純度が上がっていく。相手を励ますためのウソ、相手を傷つけないためのウソ、相手の気持ちを前進させるためのウソはいいウソである。

本書を書いている途中で、ふと思い出したのは（これはほんとうに思い出した）、マルクスの「存在は意識を規定する」という言葉だった。わたしが唯一覚えているマルクスの言葉だ。確認したところ、正確には「物質的生活の生産様式は、社会的、政治的、精神的生活諸過程一般を制約する。人間の意識がその存在を規定するのではなくて、逆に、人間の社会的存在がその意識を規定するのである」だった（『経済学批判』岩波文庫）。

「（社会的）存在」とは、そのつどわたしたちが置かれている状況や環境の一切のこと、であろう。その「（社会的）存在」のありようが、わたしたちの思考と言動を決定する。その矮小型《わいしょう》が「地位が人をつくる」である。人はある一定の役割を帯びた地位につくと、自覚と責任を感じてそれにふさわしい人間になっていく、ということだ。が同時に、その地位を守るために卑怯な人間にも非情な人間にもなりうる（警察学校で教官がいう。「今日から人間をやめて、警官になれ」〔安東能明《よしあき》『撃てない警官』新潮文庫〕）。

人間がつくウソの大半は、その「（社会的）存在」からなされる。だれも好き好んでウソをついているわけではない。ほとんどのウソは、渋々の、気の乗らない、方便としての、不可避的なウソである、といっていい。そしてそのときに、極端に「存在」に引っ張られるか、「意識」にどれだけ引き戻すかによって、「いいウソ」と「最悪のウソ」があるのだろう。そしてさらにいえば、そのウソの品質は人間の品質と相関している。

「嘘も方便」の「方便」とは、「（目的を果たすために仮に用いる）便宜的な手段」のことである（『新明解国語辞典』）。安倍首相の例の「コントロールされている」という発言も、考えてみると「存在」寄りの「方便」である。安倍首相が世界に向けて「じつをいいますと、事態は厳しく予断は許しません。汚染水の漏洩は止まっていませんが、なんとかします」なんて、国益を損なうようなことをいうはずがないのだ。どこの国の指導者だっておなじである。銀行から融資を受けようとしている経営者が、「不良在庫が山のようにあって、もうにっちもさっちもいかず、お手上げです。なので、そこんとこよろしく回転資金を」なんてことをいうはずがないのとおなじである（わたしはべつに安倍首相が好きなわけではない）。

人間としてのウソ――大丈夫じゃなくても「大丈夫だよ」

中山祐次郎という外科医が書いた『幸せな死のために一刻も早くあなたにお伝えしたいこと――若き外科医が見つめた「いのち」の現場三百六十五日』（幻冬舎新書）という本がある。「一刻も早く」という部分がいかにも大げさで（おそらく編集部の意向だろう）、後半の記述がいささか薄すぎるという難はあるものの、基本的に著者の真摯さが出ているまじめな本である。

ひとつの印象的な場面がある。大腸がんの三十代男性患者がいた。一度は手術や抗がん剤で治ったかに見えたが、再発し（ということは、転移していたということだろう）、緊急再入院。「腫瘍はみるみる大きくなって」いったという。訊くほうも、訊かれるほうも、きつい場面だ。

入院した日に、彼は担当医である私に言いました。

「先生、俺はいつ帰れますか?」

同じくらいの歳の奥さんと、ちょうど一歳になる赤ちゃんがいました。

「大丈夫、痛み止めの量を調整して、きちんと痛みをとって帰りましょうね」

そう言って私はにっこりと笑いました。

帰れる可能性はほぼゼロであることを知っていながら……。


当然である。しかも、正しいと思う。「大丈夫」じゃないのに「大丈夫」という。いや、正しいも正しくない、もない。こういわざるをえないし、いうべきであろう。いってみれば「グッド・ライ」である。「存在(医師であること)」を「意識(情実ある人間)」が超えているのである。「いや、残念ですが、もう帰れません」という医者がいたら、そいつの顔が見てみたい。

しかしながら、このケースとすこし状況がちがうが(こちらはがん告知)、日本在宅ホスピス協会会長の小笠原文雄氏はこういっている。「告知をしないこと、つまり本人のためと思って『やさしい嘘』をつくことは、本当に残酷です」「人は、自分に起きている現実がどんなものであれ、それを知り、受け取《(ママ)》める以外に困難を乗り越える道はありません」（『上野千鶴子が聞く　小笠原先生、ひとりで家で死ねますか？』朝日新聞出版）。

かれは、もし自分が死ぬのなら「やっぱりがん死」がいいといっている。

　なぜならがん死は亡くなるまでに一定の時間が残され、その時間を「別れの準備」に使えるからです。家族や友人など、自分の大切な人たちとそれまで以上に濃密な時間が過ごせるかもしれません。別れを告げるべき人に別れの挨拶もできるでしょう。気がかりなことに決着をつけたり、心残りだったことに思い切って踏み出すことだってできるでしょう。遠からぬ死を覚悟することで、いま生かされている命の意味を知ったと語る人は少なくありません。

　実際、小笠原氏は、そのように生きた「多くの人たち」が、「天国にいるようだ」「極楽にいるようだ」「今がいちばん幸せ」というのを聞いてきたという。ちょっと信じがたい。みんな悟った人たちなのか。そうでなかった人たちの言葉は聞かなかったのか。小笠原氏はこのような死のあり方を「希望死・満足死・納得死」の「3点セット」と呼んでいる。たしかに「やさしい嘘」が「残酷」ということはあるかもしれない、とは思う。しかし、この「セット」は気に入らない。真珠のネックレスにピアスとイアリングもつけた通販か。死も、自分の思うがままに、寸分の後悔もないように、完全に納得し満足できる死でなければならない、という現代人の傲慢が感じられる。

中山医師に「(社会的)存在」としての役割と「意識(素の人間)」としての在り方のあいだの葛藤はあったはずである。欲望に弱い「素の自分」ではない。かれは理性があり情緒を知る「素の人間」としての言葉を選んだ。いや、医療倫理のなかにすでに、医師であるまえに人間であれという言葉は含まれているのかもしれない。中山医師を「大丈夫だといったではないか」と咎めるものはいない。本にははっきりと書かれてはいないが、おそらく五日後に、その患者は亡くなった。中山医師とほぼ同い年だった。

「人間」としていうべきウソがある。全面的に利他のためにつくウソである。MUST-

READ（必読）、MUST-SEE（必見）にならえば、MUST-LIEともいうべき義務としてのウソである。だが自我（私利私欲）と利他がこんがらがってほどけそうにない場合がある。そんなとき、正直にいってわたしはどうしていいのかわからない。たとえば、次のような場面を想像していただきたい。

いうべきか、黙っているべきか

甲子園出場がかかった県大会決勝戦の九回裏、スコアは〇－〇。正直高校の攻撃でワンアウト、ランナー三塁。このランナーの葛藤選手がホームを踏めばサヨナラ勝ちで、甲子園初出場が決まる。必死選手が三遊間を抜けそうなヒット性のゴロを打つ。三塁ランナーは猛然とホームに走る。が、遊撃手が美技でゴロを取り、すばやくホームへ送球する。クロスプレーとなり、両校の選手も敵味方の観客も一瞬かたずを飲むが、主審のコールはセーフ。正直高校のベンチは歓喜を爆発させて、生還した選手と打者のもとへ殺到する。正直高校の甲子園初出場決定！　創部五十年にしてはじめての快挙！

だが大歓喜の渦《うず》のなかでひとり、心のなかで冷や汗を流していた選手がいた。決勝のホームを踏んだ葛藤選手である。かれは、ほんとうはアウトだった、とわかっていたのだ。しかし、だれが、あの判定はまちがいだ、ほんとうはアウトだった、といえよう。自分ひとりだけのことなら、いい。甲子園出場はチーム全体、学校全体、町全体の悲願なのだ。自分さえ黙っていれば、それですむことである。いや、もうひとり、それがアウトだったことを知っている者がいる。相手校の捕手だ。だが、かれは審判の判定に異議を申し立てることなく涙を呑《の》んだ。

もしあなたが葛藤選手の父親（母親）だと仮定して、かれからホントはあれはアウトだったんだ、審判に正直にいうべきだったんだろうか？　といわれたなら、どう答えますか。高野連の会長や教育評論家や哲学者や伊集院静《いじゅういんしずか》なら、どう答えるだろうか。おそらく「そりゃしょうがないよ」というのではないか。それに「判定を下したのは審判なんだから」と。わたしも「しかたがない」といいそうである。わたしがもし葛藤選手本人だったとしても、やはり黙ったままだろう。しかし、自信がない。

もしかれから、これはウソでつかんだ甲子園出場で、相手校が甲子園に行く可能性を自分のウソ（黙秘）でつぶしてしまった、といわれたら、どう答えることができるか。「まあ、それはそのとおりなのだが……」と口を濁すしかないか。こちらを立てればあちらが立たず、あちらを立てればこちらが立たない。こちらとあちらの、ふたつの信頼（誠実）のあいだの板挟みである。このようなジレンマに正解はあるのだろうか。そしてまた、その選手の「それでもあれはアウトだった」というごまかし感はどう解消することができるのか。いっそ、そんなことに悩まないがさつな選手だったらよかったのに。

「スポーツマンシップ」といい、「フェアプレー」という。勝敗に直接結びつかない個々のプレーでなら、フェアプレーはまれにある。観客はそのようなプレーに万雷の拍手をおくる。イタリア・セリエAの試合で、ドイツ代表FWのクローゼが得点したとき、かれは相手選手の抗議により、自身のゴールがハンドによるものであることを認めた。試合後、相手チームの主将は、「クローゼの行動は、賞が与えられるべきもの」と称えた。ドイツのブンデスリーガで、清武弘嗣《きよたけひろし》が相手ディフェンスと競《せ》り、ボールはゴールラインを割った。主審はコーナーキックを指示した。しかし相手DFが抗議をすると、清武もそれに同意し、判定はゴールキックに変更された。これも「これが真のスポーツマンシップだ!（略）清武弘嗣もフェアプレーを信じていることが証明された」と報じられた。

だがその一方で、サッカーの試合で頻繁に見られるのはこんな光景だ。接触プレーでさほど痛くもないのに大げさに転げまわる。接触もしていないのに、わざとピッチに倒れ込む。PKがほしくて、シミュレーションをする。それらは「マリーシア」（ずる賢さ）といわれ、日本の選手にはこれが足りないといわれたりもする。ユニフォームを引っ張り、足を「削り」、抗議をされても知らんぷり。観客も、相手チームの偽装プレーや時間稼ぎには非難轟々《ごうごう》だが、贔屓《ひいき》チームには大いに寛大である。日本の「建前」とよくいわれるが、「フェアプレー」も利害が絡めば、最終的には世界の「建前」にすぎない。

先の「正直高校」の甲子園初出場は、ふつうはそのままで確定である。地方紙や中央紙の地方版にも「正直高校創部五十年、悲願の甲子園決定！」と出ることだろう。万一、葛藤選手が記者に告白でもしようものなら一大騒動になること必至である。「葛藤選手が告白！　あれはアウトだった！」。当然賛否両論が湧き上がり、無責任な大衆の多くは表向き「よくいった」とかれを称えるのではないかと推測されるが、葛藤選手（とその家族）のその後は厳しいことになるだろう。

ウソは難しい。動機だけなら案外単純に、自我防衛と自我欲求からくる保身（責任回避）、金品や異性への欲得、沽券《こけん》や面子《めんつ》への執着、認められたい、評価されたい、怒られたくない、などに限られる。だがその結果、いった・いわないで紛糾する。いうべきか黙っているべきか、いったことが正しかったのか否かで悩む。だれがいったのか、と犯人探しがはじまる。そしてそのほとんどで決着がつかない。

繰り返すが、ウソの大半は、ウソともいえない他愛のないものである。そのまま聞き流され、笑い飛ばされて終わってしまうものである。咎められるようなウソをついたり、つかなければならないようになること自体、その状況がよくない。そんな状況に陥らないようにすべきなのだが、せっぱつまった人間にそんな余裕はない。ウソをつくことが好きでたまらないという人間などいないはずなのに、自我が追い詰められるということはある。

同業「他者」のなかのサバイバル

同業他社に負けるな、と社員たちが追い詰められる、会社のなかで認められなくてはならないと、社員相互の競争に煽《あお》られる。いやらしい、なりたくない人間になっていく者が出てくる。そんな人間の一部からなのか、昼間、家にかかってくる勧誘電話が煩《わずら》わしい。押し売り電話である。昔なら、知人からしかかかってこなかったのに、今では通信会社や投資会社や化粧品会社や結婚式場やリサイクル業者からかかってくる。電話一本の口先だけで商売をしようなど太い了見だ、とわたしは思うが、かれらは執拗である。

だが考えてみると、かれらもやらされているのだ。会社に入って、明けても暮れても（かどうかはわからないが）電話営業をやらされるとは思わなかったはずだ（もしかしたら、正社員ではなく、それ専門の歩合給の派遣社員か？）。しかし会社に実績を示さなければならない。電話だけではない。通信会社J：C××のように、派遣会社を通じて押し売りまがいの悪質な「点検」営業をさせている会社もある。背に腹は代えられないと、（派遣）社員たちも最初は嫌々やっていたものが、そのうち執拗かつ攻撃的になってくる。

会社や組織のなかだけではない。わたしたち一人一人が焦燥感に駆り立てられる。この世を生きていくという意味で、人間は一人一人がみんな同業である。そのかれらが、他社ならぬ他者である。会社は同業「他社」のなかで勝ち抜いていかなければならないが、わたしたち一人一人も、どんな境遇であれ、どんな立場であれ、組織（世間）のなかの同業「他者」のあいだで勝ち抜いていかなければならない。そこで発生したのが勝ち組・負け組である。元々、人生は断じて競争なんかではない。だが、そんなことをいってもしかたがない。この世に生まれてきた以上、少なくとも人並みに、だれもが生活をしていかなければならないからである。

よくいわれることだが、電車を待つ行列で、先頭の方に並んでいる人間は座れることが確実なものだから安心している。心は平和だ。行列の最後尾の者たちは座れないことがわかっているから立つことを覚悟している。こちらも心は平和だ。座れるか座れないかが微妙な中間の者たちが焦っている。座るためには他人を押しのけて車内に突進しなければならない。席を確保しようと、恥も外聞《がいぶん》もなく右往左往する。

が、事はそう単純ではない。かならず平然と横入りをしてくる卑しい人間が出てくる。かと思えば、先頭の人間で座らない人がいる。自分は立ってもいいが、家族だけは座らせたいと思う人もいる。もう席は空いてないのに、なにがなんでも座りたいと、わずかな隙間に尻をねじこんでくる人がいる。電車の行列と人生とのちがいだ。人生の最後尾の者でも食べていかなければならないからだ。そこでウソをついてでも、騙してでも、暴力を使ってでも、金を奪おうとする者が出てくる。しかしそんなかれらも、そのように生まれたかったわけでも、そのように生きたかったわけでもない。

ある新聞記事が目に入った。龍谷《りゅうこく》大学の社会学者・岸政彦が書いた「誰もが組織嫌いだが」というコラムである（「毎日新聞」二〇一六年五月二十三日夕刊）。こういっている。「（大学で）いい仕事をしてるひとは、会うとやっぱりいいひとだったりする。そうするとそういうひとはいい仕事をしてくれるから、ますます好きになる。（略）いま一緒に仕事してるひとは、みんな好きだ。その仕事ぶりも好きだし、文章も好きだし、研究も好きだし、人柄も好きだ」

しかし、これはただの主観にすぎないのではないかと岸は考える。このようないい関係も、はたから見ると「派閥にしか見えないだろうし、そして何よりも、実際に派閥になってしまうときがある。それはどういうときかというと、何かを取り合いしなければならないような状況である。何か行動を起こさないと、私たちが負けて、他の連中が勝ってしまうような、そういう状況である」。これはゼミや研究室同士のことをいっているのか。「こういうとき、ほんとうに嫌になる。つくづく、組織というものが嫌いになる」

「取り合い」とは、研究資金の分捕《ぶんど》り競争か学内ポストの獲得競争なのだろうか。岸ははっきり書いてはいない。しかし結局、その競争に勝つのは「その組織のなかで出世したいと思うか、『力』を欲望する」者たちである。まさしくそのとおりだ。次の言葉にわたしは「ホウ」と思った。「だから私は最初から負けているのだ」

岸政彦は実際に学内で、なにか生々しい事態に直面したと思われるのだが、岸らが負けるのは、勝つためにウソをつくことができず、決定責任者にゴマをすることができず、他を蹴落とすための策を弄《ろう》することができないからであろう。いや、やろうとはしたのだが、どうしても自制してしまうということか。

この点に関しては、パン食い競争も人生もおなじである。社会の一員であるかぎり、否応なく競争に巻き込まれてしまうのだ。「人生とは休戦のない無慈悲なたたかいであって、人間という名にふさわしい人間になりたいと思う者は、目に見えない敵軍、つまり、自然の破壊的な力や、濁った欲望や、暗い思考など、陰険にも人間を堕落させ絶滅させようとしているものと絶えずたたかわねばならないことを彼は悟った」（ロマン・ロラン『ジャン・

クリストフ（一）』新潮文庫）。

岸政彦は「人間という名にふさわしい人間になりたいと思う者」であるがゆえに、「他の連中」に負けてしまう。しかし自分の「濁った欲望や、暗い思考」には勝ったといえるのではないか。それでいい、と思いたい。なのに、やはり「取り合い」に勝った連中の勝ち誇った顔が小面憎《こづらにく》い。うちのリーダーはダメだね、と周囲に思われていないかが気になる。「人間という名にふさわしい人間」など、だれも評価しないのだ。目に見えないし、実益をもたらしてくれないからだ。自分自身がその疑問を抱え込む。そんな「人間」など体《てい》のいい逃げ口上《こうじょう》でしかなく、実際はただの無力なものではないのか、と。

中国も韓国も好きではないのだが……

若い頃、ヨーロッパを旅行した。スウェーデンのレストランで皿洗いのアルバイトをしていたとき、身長一九〇センチくらいのウドの大木みたいな男が後から入ってきた。こいつはバイト仲間の女の子たちに言い寄っては嫌われていたのだが、これがオーストリア人だった。彼女たちはわたしのところへやってきては、「嫌なやつ」とこぼした。わたしがウィーンのユースホステルに入館時間をすこし過ぎて到着した時、虫けらを追い払うがごとく、にべもなくはねつけられた。しかたなく外のベンチで寝た。たったこの二つのことで、わたしはいまでも基本的にオーストリア人が好きにはなれない。ばかげたことだ。

日本人の中国嫌いが八〇パーセントを超えた、とテレビでやっていた。むしろ、一〇〇パーセントでないのが不思議である（残りの二〇パーセントの人の嫌いではない理由を聞いてみたい）。わたしももちろん嫌いである。好きになれる理由がなにひとつないのだ。これがあの老子、荘子、孔子の国なのか。陶淵明《とうえんめい》、杜甫《とほ》、魯迅《ろじん》の民なのか、と思う。わたしがいまの中国を嫌いになった理由は単純である。すべてテレビ・新聞・雑誌などによってもたらされた情報によるものだといっていい。

反日教育や抗日映画、東シナ海の海底ガス田について日本との共同開発に同意しながらの盗掘、重慶でのサッカー・アジアカップのときの地元民の反日感情、尖閣諸島にたいする横入りの領有権主張、海上保安庁への中国漁船の体当たり、日本人「スパイ」をデッチあげた報復的逮捕、小笠原諸島に大挙押し寄せてきた中国船のサンゴ密漁、二〇一二年の

「愛国無罪」による反日暴動、一方的な東シナ海防空識別圏の設定、西沙・南沙諸島における領土拡張と軍事基地化、アフリカや中央アジアへの利己的な進出、ウイグルやチベットの弾圧、台湾は中国の一部という主張、国内民主派の拘束逮捕、情報統制、中国人旅行者のマナーの悪さ、さらに海外からどんな非難を受けても、悪いのはすべて相手国だと、ぬけぬけと正義と合法を主張する傲慢さ、などなど官民一体の恥知らずの言動ばかりで、まったく信用できない国だというイメージが出来上がったのである。それに、なんで中国人の子どもはいつもいつも隙間にはさまったり、穴に落ちたりばかりしているのかね（まあ、これはちょっとおもしろいが。エマニュエル・トッドは中国の「高等教育の進学率が５％未満」であること、出生率が「急激」に「低下」し、「出生の男女比が異常」であること、その「経済政策」も「西洋の資本主義、多国籍企業の道具になり下がって」いること、の理由により、中国超大国論は「神話にすぎない」といっている〔前掲書〕。その独自の視点に驚かされた）。

　ついでにいえば、わたしは韓国も好きではない。竹島の不法占拠、なんの関係もないアメリカに慰安婦像を立ててまわるという愚行、なにかといえば日本の国旗や首相の写真を焼き、サッカーの試合はいつもケンカ腰で、まるで「反日」だけが生きがいというような情報ばかりである。朴槿恵《パククネ》大統領はいつ見ても不景気で陰気な表情で（多少改善された）、これで中国や韓国を好きになれというのは無理な話である。お人好《よ》しの日本のおばさんたちに支えられた韓流ブームというのがまったく理解ができなかった。

さらにいえば、北方領土の既成事実化や軍事化を強め、反体制のジャーナリストを弾圧・暗殺し、ウクライナに侵攻し、クリミアを強引に併合したロシアも嫌いである。プーチンとメドベージェフの頭もよくなさそうではないか。だいたい前の大戦の終戦時に、米英連合国の承認（ヤルタ協定）があったとはいえ、日ソ中立条約を一方的に破棄して満州や樺太《からふと》に火事場泥棒的に侵攻し（これが戦争だといえばいえる。それに日本陸軍の大甘な情勢分析や楽観的対応も愚劣だった。当のソ連に終戦交渉を依頼するという間抜けぶりだった）、民間の日本人に暴虐のかぎりをつくした蛮行にたいする恨みがある。

わたしは中国人や韓国人に一人の知人もいない。ロシア人にもいない。わたし個人が中国人や韓国人やロシア人にひどい目にあわされたということもない。だからわたしの中韓にたいする不快感は単純に愛国感情からである。ロシアのウクライナ侵攻や、たとえばISの悪行やテロリストたちへの嫌悪は、愛国心とは関係がない。一般の人間としての義憤である。そしてこの義憤には、ある程度の普遍性があるだろうと思っている。だが、わたしの愛国心はいかにも単純である。四年前の中国で吹き荒れた反日暴動のとき、破壊された日本企業には多くの中国人も勤めていたのである。かれらもまた被害者だったのだ。

荒れる中国人の姿をテレビで観ながら疑問を持った。これはたしかに事実だが、これだけが事実のすべてであるはずがない、と。テレビ（報道一般）の原則は、毒にも薬にもならないものは映す価値がない、である。画《え》になるものしか映さない。それはわかっている。わたしは画にならない全体を知りたいと思うが、それは不可能である。

せめてテレビの映像の背後には、政治などなんの興味もなく、日々の自分の生活だけを生きている中韓の大衆、つまり声を発しない圧倒的に膨大な、画にならない大衆が存在している、ということだけは忘れないようにしなければならない。できれば、映像にならない、映像の真実とは別の真実の、その一部だけでも知りたいと思う。そうでなければ、マスコミが報じる片々たる灰汁《あく》ばかりの情報にやられっぱなしになってしまう（『毎日新聞』［二〇一七年一月六日］の「仲畑流・万能川柳」に、「立地Ｚ骨炎」という人の「友人にいます謙虚な中国人」という句があった。そりゃそうなのだ）。

庶民はテレビに映らない

二〇〇七年にNHK－BSで「関口知宏《ともひろ》の中国鉄道大紀行――最長片道ルート36，000kmをゆく」が放映された。わたしが観たのは再放送（二〇一一年？）だったが、この番組が好きだった。関口が車内や町や村で出会う中国人大衆はなんの悪意もない、気持ちのいい人間ばかりだったのである。ふだんなら、「画にならない」とテレビに映らないような人たちである。撮影の途中で不快なことが生じたり、反日的な中国人に遭遇したかもしれず、それらは番組からカットされていたのかもしれない。それでも、画面に登場した中国人の庶民たちは、親切で屈託《くったく》もなく、友好的な人ばかりなのであった。

かれらは二〇一二年のあの反日暴動のとき、テレビ画面にひとりも登場しなかったふつうの人々である（と思う）。あの当時、日本企業の建物が破壊されている光景を見て、これらはたしかに事実ではあるが、ごく一部の事実にすぎないのではないかと思った。一三億人いる中国人のうち、少なくとも一二億人ほどの庶民たちは反日でも親日でもなく、なんの関心もなかったのではないかと思ったのである。

つまり、よくあるような言い方でいえば、わたしが嫌いなのは中国の指導層とごく一部の悪意ある反日中国人ということになる。韓国でもおなじことである。わたしは庶民としての中国人や韓国人にはなんの恨みもない。しかし日本のマスコミはこれでもかと「画になる」暴動の激しさを報じるだけで、地方の町や農村の中国人がどのようにその暴動を見ているのかを報じない。暴動を報じるのは当然のことだ。けれど、それればかりだと中国全土、中国人一三億人が反日に燃え上がったかのように思われるのだが、わたしはそんなばかなことはあるまい、と思った。つまり、自分が知らないこと（マスコミで報じられないこと）でも、それ以外の事実は無数に存在する（日本企業に勤める中国人たちの葛藤を取材したテレビ東京の番組なら観た）。

前川仁之《さねゆき》という青年が、わたしが感じたのとおなじような疑問をもち、そのことを自分の目で確かめようとした。かれの場合は中国ではなく、韓国である。かれは自転車で韓国一周をしたのである。かれの疑問はこういうものだった。「ここ数年で、韓国嫌いという日本人が増えたように感じられる」「そんなに嫌われる韓国とはいったいどんな国か、この目で見て知りたいと思って旅に出たのだった。旅をして、その結果僕自身も韓国を嫌いになれたら、それはそれで結構だ」（『韓国「反日街道」をゆく――自転車紀行1500キロ』小学館）。

かれの旅は二〇一五年三月二十日から四月十三日までのわずか三週間足らずだったが、出会う韓国の人はだれもが親切で理性的でいい人ばかりだった。当然のことである。どの国を旅してもおなじだと思う。屋台のおでん屋みたいな所で、酔漢《すいかん》に「日本人が、なにしに来た、帰れ！」というようなことを怒鳴られ、ある宿のおばあさんから「日本人にいい人なんているわけがない」といわれたことがあったが、旅行中、かれが不快な目にあったのはこの二度だけである。旅をしていれば、こんなこともまた当然ありうる。中国や韓国では特に多いかもしれないが、アメリカでもヨーロッパでもありうることだ。

韓国一周を終えた後、前川仁之は釜山《ぷさん》の空港で旧知の韓国人の男性に再会し、「おかげさまで無事に帰ってこられました。危ないことはありませんでした。この旅行で、韓国が好きになりましたよ」といって握手をした。前川は韓国を嫌いになるどころか、好きになったのである。これは想像するほかないが、わたしたちが中国を旅行しても、おなじような感慨をもつのではないかと思う。もちろん、その逆に「その結果僕自身も中国を嫌いになれたら、それはそれで結構」ではあるが。

中国に関してもおなじような本がある。テレビ東京プロデューサーの小林史憲の『テレビに映る中国の97%は嘘である』（講談社＋α新書）である。わたしが観たテレビ東京の番組はたぶん、かれが担当した二〇一二年夏の中国反日暴動の番組（「ガイアの夜明け」）である。中国全土に吹き荒れた反日デモは、石原慎太郎東京都知事（当時）の尖閣諸島購入計画に慌てた民主党政権が、尖閣諸島の「国有化」方針を発表したことに端を発した。

小林史憲はこのように書いている。青島にあるジャスコの店がデモ隊に襲われた。「この店は非常に人気が高かったようだ。店が壊されて困るのは、地元の人たちなのである」「店を襲ったのは、恐らく地方から出稼ぎに来ている若者たちだろう。貧富の格差に日頃から鬱憤を溜めている連中である」。そしてこのようにいいきっている。「デモに参加し、さらには破壊や略奪といった行為をするのは、ごく一部の人間だ」「テレビ画面に映る、数万人ものデモ隊の破壊活動を見ていると、中国人すべてが日本を襲っているかのような錯覚に陥るかもしれないが、決してそうではない」

小林はテレビマンの本音を漏らしている。「普段は、取材に行った現場で何も起きないと、正直に言って、ずっこけてしまう。何かが起きれば被害を被る方がいるのだから、極めて不謹慎な話である。だが、私たちの仕事は取材だ。現場に行ったのに何もなければ、仕事をしなかったに等しいのだ。職業病である」。「何もない」こともたしかな事実なのに、かれらは「何かが起き」た事実にしか興味がないのである。そしてどんな事実も、結局はネタにすぎない。これは情報を受け取るわたしたちの側の問題でもある。わたしたちも旅行に行くと、なんだここはなにもないな、といったりするのだ。

九月十八日、反日デモは最大となり、中国全土の一〇〇以上の都市で行われた、とされる。「しかし、この翌日から、不気味なくらい一斉に、ピタリと止まる。(略)そこには明らかに中国政府の意図があるだろう。外交戦略として、十分に日本に対する脅しとなった。日本企業も悲鳴を上げる。あとは、日本側の出方を待とう。そんなところだ」「中国共産党は、厳格なピラミッド型の統治体制を築いている。反日デモのゴーサインも、ストップをかけるのも、共産党中央が各地方政府に指示しているのだろう」(同書)。デモは事実だが、その一部の事実だけを元にわたしたちがそれを全体的な事実と見なすなら、事実から認識のウソがつくられることになる。

事実の集め方によってちがう「事実」ができあがる

それにしても、わたしも他愛ない。A群の情報がもたらされれば、そうか、と思い、それはちがうというB群の情報が示されると、これまた、そうだったのか、と転がってしまうていたらくである。そろそろ七十になろうかという齢なのに、こんなザマで申し訳ないことである。頭をひとつの事実に固着させず、どっちもどっち、と考えておけばいいのだろう。それはわかっているのだが、悪意に満ちた事実を知ると、つい揺れる。

古谷経衡《ふるやつねひら》は「左翼も右翼もウソばかり」といっている（『左翼も右翼もウソばかり』新潮新書）。こんな具合である。「左右両極端のイデオロギーの主張には、多分に『願望』という調味料が混じっていることを私は見逃さない。（安保法案のとき……引用者注）官邸前抗議集会の例で言えば、左からは『国民、特に若者が反安倍で一致団結していて欲しい』、右からは『反安倍集会をやっているのは一部の左翼団体の構成員であって欲しい』という願望が、いつの間にか『事実』にすり替えられてしまっているのだ」「『願望』には、事実がおのれの理想と乖離していることを薄々認知しているという、『やましさ』が常に伴っている。そしてその『願望』は嘘で塗り固められている」

この本は、原発事故を大きく見せたいとか、日本軍の侵略的事実と戦争犯罪を大きく見せたいという「願望」、福島が「危険」であってほしいという「願望」、安倍首相が「危険な政治家」であってほしいという「願望」を指摘し、朝日新聞の原発と慰安婦問題に関する誤報事件、若者論、「クールジャパン」、中国崩壊論などに関する、左右の主張の「願望」と「現実」のギャップを衝《つ》き、右も左もいかに適当な言説をまき散らしているかを論じていておもしろい。古谷のこの考えを恣意《しい》的にすぎると考える向きがあるかもしれない。しかしわたしには妥当だと思われる。

「『願望』を捨て、現実を直視することは大変勇気がいると同時に、また辛いことだ。『願望』をかなぐり捨てることは、それまで自分がすがっていた精神世界の崩壊を意味する。自分の中に予《あらかじ》め存在していた『やましさ』という疑念や恐怖だけが、心のなかに残ることになる」。だから、人はなおさら「願望」に「すがりつく」ことになる。

古谷は、必要なことは「『どこからが科学で、どこからが非科学なのか』の線引をきちんと行える思考態度だ」といい、「『科学』を『願望』で上書きする行為を容認することはできない」といっている。いいたいことはわかる。当然のことである。だが、「科学」は固定したものではなく、更新されるものである。絶対不変の真理はあるのだろうが、多くは暫定的なものだ。そして「科学」にも左右の見解に相違がある。「科学」も「事実」も、利用のしかたや解釈によって意味を変えることは可能だからである。

「事実」は一筋縄ではいかない。事実は人間によって認定されないかぎり事実ではない。物理的事実は普遍的再現実験の検証によって認定される。それまでは暫定的事実にとどまる。人間的事実はもっと脆《もろ》い。証言は食い違い、どこまでがウソでどこまでがホントか、判断が困難である。人によって見え方や解釈が異なる。あったことをなかったことに、なかったことをあったことにすることもないわけではない。ある一事を針小棒大《しんしょうぼうだい》に拡大したり、その逆に無視したり過小評価することもめずらしくない。

あるスポーツ選手のスーパープレーばかりを集めると、いとも簡単に天才選手ができあがる。失策場面ばかりを集めるとド下手な選手ができあがる。ある人間の言行のいいところばかりを集めると人格者ができあがり、悪い部分だけを強調すると卑劣な人間ができあがる。病院に行けば病人だらけで、刑務所に行けば犯罪者ばかりである。これはどの事実に注目するかの問題だ。極悪犯罪ばかりを集めれば、世の中はろくでもない世の中ということになってしまう。だから客観的な判断の材料として統計があるではないか、ということになるが、その統計もあてにはならない。

谷岡一郎は「世の中のいわゆる『社会調査』は過半数がゴミである」といってはばからない。「始末が悪いことに、ゴミは（引用されたり参考にされたりして）新たなゴミを生み、さらに増殖を続ける」。その「社会調査」とは「学者（および学者予備軍）」「政府・官公庁」「社会運動グループ」「マスコミ」が実施する調査のことである。

ゴミが生まれる理由はこうだ。「自分の立場を補強したり弁護するため、政治的な立場を強めるため、センセーショナルな発見をしたように見せかけるため、単に何もしなかったことを隠すため、次期の研究費や予算を獲得するため等々」（『「社会調査」のウソ――リサーチ・リテラシーのすすめ』文春新書）。池田清彦も指摘していたが、「研究費や予算を獲得するるため」？　第二章で引用した「全国地震動予測地図」は大丈夫か？　もしそうなら、iPS細胞の山中伸弥教授に予算を回してやりなさい。

谷岡はさらにこういっている。「『アンケート調査でもやって、実態を調べてみてから議論しましょう』といった程度で始めた調査にロクなものはない。確固たる目的も理論上の背景もなく行う調査では、まともなものになりようがない」。つまり、ほとんどがゴミだから、それを見抜く「リサーチ・リテラシー」能力を高めなさい、といっている。そうでなければ、「ゴミの情報を流す者、それを広める者、それを利用する者たち」につけこまれるだけになってしまう。「これらの者に対抗できる能力を持たない限り、今の、そしてこれからの社会では、損ばかり重ねる不幸な人間を生み出す」ことになるからである。

まあ、それはそうなのだろう。とはいえリサーチ・リテラシー能力を高めるのもなかなかめんどうである。そのための方法が示されているが、はっきりいってやりたくない。手っ取り早い方法は、専門家のいうことや各種の社会調査にはあまり惑わされないようにするのが一番である。マクロの傾向は傾向として、なにかを考えるときの参考にすればいいが、わたしたちは自分たち一人一人のミクロな現実の生活を生きているのである。統計という数字のなかで生きているわけではない。

与党は自分たちに都合のいい事実（統計）だけをぬきだす。すると、善政ができあがる。

野党は与党に不都合な事実（統計）ばかりを集めて、与党のそれに対置する。と、与党の失政ができあがる。デモ参加者の人数がいつも主催者側と警察側で相当な開きがあるのは、だれもが知っていることである。ある主張や立場や意図のもとに、どんな事実を集めるかによって、事実は簡単に偏向的に利用されうるのである。右であろうと左であろうと、保守であろうとリベラルであろうと、自分たちに都合のいい事実だけを集めて、これが真実だと主張するとき、それぞれの事実はたしかな事実のはずなのに、主張全体がウソになる。

第七章

だれもウソなど
つきたくない

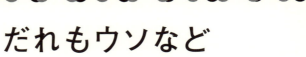

素人はふらふらする

いったん俗耳《ぞくじ》に入りやすい〝事実〟や〝効果〟が世の中に普及すると、それが信じ続けられるということがある。ところがいつの間にか、ホントだったものがウソになったり、訂正されたりすることもある。昔は、「水金地火木土天海冥」だったが、いまは冥王星《めいおう》が準惑星ということで外されて「水金地火木土天海」になり、聖徳太子の称号は「厩戸皇子《うまやどのおうじ》」が正しいとされ、鎌倉幕府の成立は「いい国つくろう鎌倉幕府」の一一九二年が定説だったが、現在では一一八五年ではないかという新説が有力視されているようで「いいはこ作ろう源頼朝《みなもとのよりとも》」なんていう語呂《ごろ》合わせもできているようである。「いいはこ」ってなんだ？

かつて足腰の鍛錬に効くとされていたうさぎ跳びは逆効果として禁止され、炎天下の猛特訓では水を飲むのがご法度《はっと》だったが（これは無知なコーチのただの根性論にすぎなかった）、今ではこまめに水分補給をするのは必須となり、足首を固定して上体を起こす従来の腹筋運動は腰を痛めるとして、今では首だけを起こして腹筋に意識を集中する方法がよいとされ、投手は試合後、肩を冷やさないために温めたものだったが、今では真逆で、氷水でがんがんに冷やす。

ほかにもごまんとある。「人間の脳は一〇パーセントしか使われていない」はウソ、モーツァルトを聴かせれば頭のよい子や情緒豊かな子に育つという胎教はウソ、宇宙ビッグバン起源説は疑問、エディプス・コンプレックスはウソ、夢判断はインチキ、北極の氷が溶けると海面が上昇するはウソ、ゴミの分別はムダ、レジ袋は石油資源の無駄使いはウソ、四大文明説を信じているのはアジアだけ、信長の鉄砲三段撃ちは不可能、電話を発明したのはベルはウソ、日本の食料自給率は低いはまやかし、コレステロールには善玉も悪玉もない、タバコを吸うとがんになるは根拠薄弱、マイナスイオンは科学的根拠なし、老化で筋肉痛は二日後にくるはウソ、炭酸飲料で歯や骨は溶けない、コラーゲン配合商品の効果は「ほとんど期待できない」、海藻を食べても髪の毛は生えない、水質基準は水道水のほうがミネラルウォーターよりも厳しい、「玄米は体にいい」はウソ、酒のチャンポンは悪酔いするはウソ、「折れた骨は以前よりも強くはならない」などである(トキオ・ナレッジ『ずっと信じていたあの知識、実はウソでした!——使ってるとバカにされる「恥」識事典』宝島社。この本は安っぽい表紙でいかにもトンデモ本めいているが、内容はまじめに作られている。ただ、ここに書かれていることがすべて真実というわけでもあるまい）。いまや全国のじいさんばあさんたちは、食事は先に野菜を食べると血糖値が上がりにくいと聞いて、全員実行しているのである。

しかし、こんな俗説や小さな事実は、元々軽い気持ちで受け止めているものにすぎない。もし間違いがわかったならそのつど修正すればいいだけのことだ。日々の一対一の人間関係で騙されないようにするためには、マーサ・スタウトの「三回の原則」にもとづいて対処すればいい。相手の約束不履行、虚言、遅刻、見え見えの言い逃れは、仏の顔も三度までだからなと、「三回」まで見逃してやる。二回目ぐらいからもう警戒をしたほうがいいかもしれない。先輩風を吹かせだしたり、頻繁に下ネタを入れてきたり、ぞんざいな口調に変わったり、反対に慇懃無礼《いんぎんぶれい》になるなど、言動が急変するやつも要注意である。

問題は現在や歴史に関する諸事実や諸事象の認識である。これがわからない。わたしは人間の嗜好《しこう》については大外れしたが、おおざっぱな歴史認識や社会全般の傾向に関しても、自分はまずまず正しい知識をもっているといささかうぬぼれていたのである。はっきりいって、わたし自身はかなり右翼的心情（よくいえば保守的心情だが）をもっている。しかし、けっして硬直しておらず、事の論理的是非や事実の正誤判断においては右も左もあるものかと思っている。まあ、右寄りの中道といったところだろうか。

この本を書くためにいくつかの本を読んだ。ところが、そうだったのか、と自分の知識の空白に気づかせられたり、自分がもっていた知識が覆されるという経験を何度もして、いや甘かったな、と驚いたのである。ウソを正しいと思っていたものもある。しかし、ほかの本を読んでみると、今度はまた反対のことが書かれている。そのたびに人のいいわたしは、行きつ戻りつしてふらふらする。なにしろ「これが真実だ」という決定的なものがないのである（そう豪語している本は、かえって信じられない）。執筆者のみなさんが、それぞれ自分の「立場」だけで書いているからである。素人にとっては、なにがウソでなにがホントかが堂々巡りするのだ。

サード・オピニオンはいらないのか

高野秀行という冒険家が書いた本を何冊か読んだが、そのなかに『腰痛探検家』（集英社文庫）という一冊があった。長年苦しめられている腰痛を治療するのに、民間療法と西洋医学を訪ね廻《まわ》るというだけの本なのだが、これがめっぽうおもしろかった。そのなかにこんな一節がある。「私が目黒治療院にしがみついているのはなぜか。それはこれまですでに莫大な時間と金と労力をつぎ込んできたからだ。すべて無駄だったとは認めたくない。家族や友だちにも笑われるし、悔しい。自分の過去を否定したくないのだ」

この気持ちはわからないではない。自分の過去や自分の知識や自分自身にしがみつく心理である。「目黒治療院にしがみつ」くのは、自分にしがみつくことである。高野自身がこう書いている。「『目黒治療院』を『彼』に、『腰痛』を『孤独』に置き換えれば、そのままダメ女子の本音になるんじゃないか」

ＤＶ男に「あの人にもいいところがあるのよ」としがみつくのも、おなじような心理であろう。日本が満州を手放すことができなかった一因も、日露戦争以来、先人たちが流した血と金と労力を無駄にしたくなかったからである。効いているのかいないのかわからないのに、サプリメントを飲みつづけるのもこれである。しかしわたしは、「なるほどそうだったのか」と納得すれば、簡単に自分の間違った知識を捨て去ることができる。いくらでも修正する。ひいきの人が批判されても、その批判が正しいと思えばあっさりと受け入れる。ひいきの引き倒しはしない。

ところで、専門家が信用できないことについて、高野秀行はこう書いている。これには完全に同意する。よく、セカンド・オピニオンを訊けといわれるが、「複数の専門家がそれぞれ異なった意見を述べた場合、患者は一体どうすればいいのだろう。どの専門家の意見が正しいのか、素人の患者が判断しなければいけないのだ」。そのとおりである。もしセカンドに訊いた場合、「じつはあそこではこのようにいわれたのですが」といっていいのか。それにサード・オピニオンは必要ないのか。じゃあフォースはどうなのだ、となり、きりがない。で結局、どれが正しいのかもわからない。

昔は病気のことは医者に、学校のことは教師に、行政のことは役所にお任せだった。社会は分担性《(ママ)》であり、頭脳部分は専門家に任せ、一般の人たちは自分の仕事だけを考えていればよかった。

今はちがう。誰もが情報を平等に共有できる。言い換えれば、誰もが自分であらゆることを判断しなければならない。

ちっぽけな一個人が日々、政治や経済、国際社会の平和と貧富の差、子供の教育、消費者の権利、食や住まいの安全から福祉、老後、新しい健康法や医学療法、環境にやさしい生活について考えなければならない。

考えないとどうなるか。

周りからバカと思われたり、自分自身が損をしたり、後悔や自己嫌悪に陥ったりすることになる。建前が自由平等なのだから、何事も全力で調べ、研究し、実行しなければ、その時点で社会の落伍者になってしまうのだ。

一般人のまっとうな感想である。いまや自分の仕事以外に、百科全書的な知識をもつことを求められているのだ。それで「誰もが自分であらゆることを判断しなければならない」のだが、そんなことできるはずがないのである。なのに、しなければならない。判断材料がウソかホントかもわからない。それなのに、ポリフェノールだのリコピンだのコラーゲンだのコエンザイムだのカプサイシンだのオルニチンだのヒアルロン酸だの、なんで素人のおれがこんな無用な言葉を覚えてしまったのだ、と腹立たしい。しかも、ただ知っているだけで、それらの意味や効能を正確に理解しているわけではない。

とすると、もう決めどころはひとつしかない。「バカと思われたり」「損をしたり」「社会の落伍者になって」もかまわん、と思うしかない。だれに迷惑がかかるわけでもない。自分が判断した結果は、自分が全部かぶればいいだけの話なのだから。これまでだって「しまった」と思ったことが何度あったことか。その意味では後悔の連続なのだが、しかしそれも自業自得である。万一、そのことで命を落とすことになってもしかたがない。もしウソかホントか、正か誤か、どうしても決めかねる問題があるなら、判断保留しておくほかはない。煮え切らなくてもいい。

頭が硬直して、下手にこれが正しい、これが事実だ、と思い込まないほうが身のためである。もともと、自分が正しいと思っているものは、ただたんに自分が思っている「正しさ」にすぎないのである。下手をしたら、自分の好き嫌いを「正しさ」でごまかしている場合だってないではない。ほんとうのことは、じつは地味で、どっちつかずで、煮え切らないところにあるのではないか、という気がするのである。

結局、自分がどうするか

世の中には立派な言葉があふれている。いや、あふれてはいないが、数多く存在する。憲法、施政演説、所信表明、社説、経営理念（社訓）、社長訓示、市民憲章、結婚誓書、宣誓、家訓、送辞。これらに書かれている文言がすべて実現するなら、世の中はずいぶん暮らしやすくなるにちがいない。当然、現実はそのとおりではありえない。まあこれらは目指すべき理想と理解してもいい。それでも公式文書にはその内容を実現すべき責任がともなう。それに比べて、経営理念などは書きたい放題である。

「まえがき」で少しふれたが、養老孟司はこういっている。「個人のウソは憎めないことが多い。でも組織のウソはいただけませんなあ。だからウソをつかざるをえない地位には就きたくない」「偉い人がいうことを、いちいち疑っていたのでは、面倒でやりきれない」「目先の得だけ考える。この習慣をやめれば、社会のウソはずいぶん減ると思いますよ」。そして「ウソを少し減らしたほうが世の中がわかりやすくなるのではないか」（前出「ウソのいろいろ」)。

立派な理念と、「目先の得」を求めてやっていることが乖離《かいり》する。いくら立派な大義名分を掲げようと、メッキはすぐ剝がれるのである。「理念」などというと、つい大向こうに見栄をはりすぎて、自己陶酔と自己欺瞞が入りやすいからである。その結果、理念はウソになる。いや、わたしはそれを目指してますよ、というのなら、それはまだ偽りのホントにすぎない。ウソが減って「わかりやすくなる」のは「世の中」だけではない。ウソくさい理念などひっこめたほうが、政治家や経営者の実像も「わかりやすくなる」のである。

いや、もう他人のことや組織のことはいい。人間が生存するかぎり、ウソはなくならない。人のウソをコントロールすることもできない。この人やこの会社がいっていることはほんとうか、と「いちいち疑っていたのでは、面倒でやりきれない」。結局、自分はどうするのか、ということだけが問題だ。

自分はこういう人間だ、こういう男でありたいと思っていたはずなのに、どういうわけかけちくさいことや卑怯なことをしてしまい、こんなに弱く小さな男だったのか、とがっかりすることがあった。そんなときは、どんなに自己正当化をしようとしても、とうてい自分を守りきれない。守る必要もないし、守ってもしようがない。怯懦《きょうだ》な弱さを一つひとつ、そのつど潰していくほかはない。何度でも潰す。

たとえば、できるだけウソはいわない（絶対にいわない、は不可能）。こいつはいざとなったらウソをつくやつだ、と人に思われたなら、もう一巻の終わりだ。どうでもいいウソは見逃す。嫌な人間にも挨拶はする。約束は守る（本書の原稿が遅れたことはごめんなさい）。人を見下さない（バカは見下す）。人を見上げない。けちで不正な利益を喜ばない。愚痴はいわない。埒《らち》もない反論はしない。他人の手柄を横取りしない。自分の失敗を他人のせいにしない。怒鳴らない（これまでの六十九年間で五回だけ怒鳴ったことは覚えている）。粗野《そや》な口は利かない。ゴミは自分できちんと始末をする、などなど。わたしも立派なことをいっている。しかし、こんな小さな一つひとつのことがわたしには大切である。

平和に生活したいだけなのに

多くのふつうの人は人生にそれほど多くのことは望んではいないと思う。まっとうに仕事をし、家族を持ち（持たなくてもいいが）、できれば家を持ち（これまた持たなくてもいいが）、嫉視《しっし》から余計な高望みをせず、身の丈のまま無事に人生をまっとうすることができればそれでいい、と思っている（のではないだろうか）。

どこの国においても、善良な人々は、平和に生活することしか望んでいない。特に、ドイツの善良な人々は、おだやかで、情愛深く、すべての人と仲良くしたがってい、他人を攻撃するよりは、むしろ、他人を賞讃し、模倣する傾向があった。だが、彼らはその意見を求められることはなかった。またみずから進んで意見を述べるほど、大胆ではなかった。公的活動の力強い習慣を持っていない人々は、必然的に、公的活動にもてあそばれてしまう。彼らは、新聞の好戦的な叫びや、指導者たちの挑戦を繰返す、騒々しい、愚かなこだまとなって、それで、『ラ・マルセイエーズ』や『ラインの守り』をつくり出すのである。

（『ジャン・クリストフ（三）』新潮文庫）

けれども、「平和に生活すること」がいかに困難なことか。一般の人間が駆り立てられるのは「新聞の好戦的な叫び」によるものだけではない。もう家も車もいいっすよ、小ぢんまりと楽に生きていくことができさえすれば、という若者が増えているとはいえ、いまなお、夢をもて、成功を目指せ、人生は戦いだ、サバイバルだ、という世間の圧力がある。正社員になれ、競争に勝ち抜け、出世しろ、金を稼げ、有名になれ、輝け。そうでなければ「負け組」だ。こういった無責任で一方的な風潮がどんよりした雲のように、社会を厚く覆っている。

「輝け」「輝きたい」など、どこの無責任なバカ者がいいはじめたのか知らないが(広告業界か?)、ただの浮《うわ》ついたウソっぱちの言葉である。むろん、オリンピックで金メダルを取りたい、世界的なスポーツ選手になりたい、女優になりたい、作家になりたい、ベンチャー企業の経営者になりたい、という者がいてもいいし、いるだろう。だが、子どもたちのなりたい職業に「公務員」が上位にくると、いまどきの子どもは夢がない、小ぢんまりしすぎていると叱責する無責任な大人がかならずいるものである。いいではないか「公務員」で。そもそも苦言を呈する大人自身が何様でもあるまいに(ある調査によると、小学校の男子のなりたい職業上位五位は医師、サッカー選手、野球選手、宇宙飛行士、ゲーム制作者で、女子の上位五位は医師、パティシエ、薬剤師、教師、保育士である。これが高校生になると男子の上位五位は教師、公務員、研究者、医師、コンピュータ関係、女子の上位五位は保育士、教師、看護師、薬剤師、理学療法士である。公務員は六位）。

物が食べられる、自分の足で歩くことができる、目が見え、耳が聞こえ、話すことができる。これらのことができるだけでも、ほんとうはありがたいことである。人数が圧倒的に多いからあたりまえに見えるが、けっしてあたりまえのことではない。人数の多さなど無意味で、あくまでも自分ひとりのことだからである。平和にふつうの健康な暮らしができる、というのは、世界のなかでもあたりまえのことではない。夢をもつ子は大人にいわれなくてももつ。しかし夢をもつ子が上なのではない。子どもが「平和に生活すること」、安定した暮らしを望むのはごくあたりまえのことである。

怒りと憎しみは「病」である——わたしは憎まない

二〇〇九年一月、パレスチナ人医師のイゼルディン・アブエライシュ氏は、イスラエル軍によるガザ地区砲撃で、二十一歳、十五歳、十三歳の三人の娘と十七歳の姪《めい》を失った。かれが目にしたものはこの世のものとは思われない光景だった。しかし、これが世の中だ。こんな事態が生じうる最もおそろしい現実が、現にある。

寝室の家具、教科書、人形、ランニングシューズ、木片が、わたしの娘たちと姪の体の一部分とともにバラバラに重なり合っていた。ただ一人、シャータだけが立っていた。眼球は頬の上、身体は刺創で覆われて血まみれ、指は糸のように細い皮膚一枚でぶら下がっていた。マヤの死体を床の上に発見した。頭部がなかった。脳の組織が天井にはりつき、少女たちの小さな手や足が、まるで誰かが大急ぎで立ち去るときに置き忘れていったかのように床の上に落ちていた。血が部屋のあらゆる部分に飛び散っていて、わたしの愛する娘や姪の胴体から吹き飛ばされた腕や脚が、見覚えあるセーターやパンツに入ったまま、異常な角度に曲がって横たわっていた。助けを呼ぼうと玄関ドアに走って行ったが、通りには兵士がいるので外には出られないと気づいた。ドアのところにいる間に、二発目のロケット弾が部屋に撃ち込まれた。

(イゼルディン・アブエライシュ『それでも、私は憎まない――あるガザの医師が払った平和への代償』亜紀書房。原題は「I SHALL NOT HATE」である)

まったくありえない光景だが、このようなとき人の心は氷結して茫然自失するほかないだろう。「これでおしまいだ、これで終わりだ――考えられるのはそれだけだった」。自分の終わり。この世の終わり。なにかはわからないが、一切の終わり。攻撃を受けた日から、アブエライシュ氏の周囲にはイスラエルに対して報復を求める声が満ちた。「『イスラエル人が憎くないのか?』と人々は言った。わたしは、どのイスラエル人を憎めばいいのですか? と訊き返した」「報復を追求する人たちに対し、わたしは言う――たとえイスラエル人全員に復讐できたとして、それで娘たちは帰ってくるのだろうか? 憎しみは病だ。それは治癒と平和を妨げる」

自失から我にかえったとき、アブエライシュ氏に怒りと憎しみが生じないわけがなかった。「終わりなき紛争とも見える戦いの『巻き添え』になったのが自分の子供で、しかも引き裂かれ、頭が飛び、若い命が消し去られた彼女たちの死体を目の当たりにして、どうして相手を憎まずにいられるだろう？　どうして怒りのあまり逆上しないでいられるだろう？」。だがかれは、その怒りと憎しみを、それは「病だ」と抑え込んだのだ。「中東の風土病ともいえる復讐は彼女たちを生き返らせてはくれない」「報復と憎しみを追求すれば、分別を追い払い、悲しみを増幅させ、争いを長引かせるだけだ」

二〇一五年十一月、パリで起こった同時多発テロで、アントワーヌ・レリス氏は妻を亡くした。三十五歳だった。一歳半の息子が残された。オランド大統領はすぐさま「イスラム国」（ＩＳ）への「容赦ない報復」を表明した。レリス氏はフェイスブックにこう書いた（ネット記事から引用）。絶望と苦悩と悲嘆を「意識」で抑えこんだ言葉だ。

「13日の夜、あなたたちは特別な人の命を奪いました――私が生涯をかけて愛する人であり、私の息子の母親です。しかしあなたたちは私に憎しみを抱かせることはできません。私はあなたたちが何者かを知らないし、知りたいとも思いません。あなたたちは魂を失った人間です」「憎悪に怒りで応じれば、今のあなたたちのように無知の犠牲者になるだけです。あなたたちは私が恐れを抱き、同胞に不審な気持ちを持ち、安全に生きるために自由を失うことを望んでいる。あなたたちの負けです」

スコット・ペックはこのように書いていた。「人生が意味を持ちうるのは善と悪との戦いにおいてであり、最後には善が勝つという希望のなかにおいてである。この希望こそ、われわれの解答である。（略）悪は善に敗北するものである。これを言い換えるならば、われわれが漠然とながらもつねに意識していること、すなわち、悪は愛によってのみ封じこめることができる、ということである」（前出『平気でうそをつく人たち』）。

きれいごとかもしれない。しかしときには、きれいごとも必要だ。「最後には善が勝つという希望」は、アブエライシュ氏やレリス氏の決意そのものだと思われる。レリス氏はこう書いている。「もちろん私は痛みに打ちのめされています」。しかし「彼女はこれからも私たちと共に生き続けます。そして私達は再び自由に愛しあえる楽園で会えるのです。そこは、あなたたちが入れない場所です」。

レリス氏は、息子を背負い、「反テロ」のプラカードを掲げ、ビラを配ったりはたぶんしない。国の国民保護責任を問うて賠償金を要求はしない。もっと大事なことがある。「私と息子は二人きりですが世界中のすべての軍隊よりも強い。これ以上あなたたちのために使う時間はありません。メルヴィル（かれの息子……引用者注）が昼寝から目を覚ましたので、彼のところに行きます。彼は生後17カ月。普段通り食事をし、私と遊び、そして幸せで自由な人生を過ごすことで、あなたたちに勝利するでしょう。彼もあなたたちに憎しみ《（ママ）》抱くことはありませんから」

わたしはアブエライシュ氏やレリス氏の〈憎まない〉という決意をウソだとも自己欺瞞だとも思わない。かれらはテロ実行者たちを許したわけではない。自分のなかから事件それ自体を永久に追放したいのである。怒りや憎しみという「病」にとり憑《つ》かれたなら、残りの人生を癒えることのない「病」に冒されつづけて生きるほかはない。憎悪は自分を毀《き》損《そん》するだけである。それは自分もまた「無知の犠牲者」になることである。

そんなことより、「平和に生活すること」、亡くなった者と「共に生き続け」ること、「幸せで自由な人生を過ごすこと」のほうがはるかに価値のあることである。それでもかれらは幾度《いくど》となく悲しみに打ちひしがれることだろう。だが、たぶんそれに屈することはない。苦難を乗り越えて「平和に生活すること」は、ほんとうの生き方に思えるからである。かれらふたりは、もっとも賢明でもっとも強い決心をしたと思える。「人間という名にふさわしい人間になりたい者」のように思える。このような人が世界にはいるのだと、ほとんど震撼する。不思議なことに、大きな苦難には、こんなものが自分のなかにあったのかと思えるような、大きな理性の決意が対応するのだろう。

「素の自分」で生きていきたい

わたしは自分にはできそうにもないことを書いている。しかしできれば、わたしもアブエライシュ氏やレリス氏のようにありたいと思っている。わたしは大きな苦難に出会ったことがないから、小さな自我と小さな理性の範囲内で生きているにすぎない。

スタインベックの名作『エデンの東』の後半に、父親アダムと次男キャルの会話がある。これほど感動的な場面をもった小説もめったにない。キャルは、死んだと聞かされた母親がほんとうは生きていて、売春宿を経営していると知っている。兄のアロンは知らない。

「おまえは母さんのことを知っているのか」と静かな声で言った。問う口調ではなかった。

「うん、知っている」

「何もかも」

「うん」

アダムは椅子の背に体をもたれさせた。「アロンも知っているのか」

「ううん、とんでもない。アロンは……アロンは知らないよ」

「どうしてそんな言い方をする」

「アロンにはとても言えないよ」

「なぜ」

キャルはしどろもどろになった。「だって、アロンには堪えられないと思う。堪えるには悪さがいるけど、アロンにはその悪さがない」そのあとに「父さんと同じで、悪さがない」とつづけたかったが、それは言わずにおいた。

（ジョン・スタインベック『エデンの東4』ハヤカワepi文庫）

キャルのこの言葉の意味が気になっている。「堪えるには悪さがいるけど、アロンにはその悪さがない」。この「悪さ」とはどういう意味の「悪さ」なのか？　真実を知ることは、それに「堪える」ことが必要で、「堪える」にはそれだけの「悪さ」がいるということになる。兄のアロン（父も）にはそれがなく、自分にはある。

人間の汚濁、人生の汚濁を知り、知るだけでなくそこに身を沈め、そんな自分を自嘲ぎみにニタリと笑う。そんな「悪さ」のような気がする。そんな「悪さ」を知らない者は、人間としては純度が高いかもしれないが、弱く脆《もろ》い。キャルは、あなたたちが人間の純度（正しさ）なるものにしがみついて自足しているのなら、おれは人間の「悪さ」がもつ強さを見せてやるよ、というようにニタリと笑う。

キャルは父親の愛情を望みながら、それが兄のアロンにだけもたらされたという屈託を抱え込んだ「存在」だった。かれの言動はその「存在」からでてくる陰気な愉しみの発露だった。それでも父親に振り向いてもらい、その愛情を得たいという渇望は消えていない。キャルは人間の汚濁に全身を沈めているのではない。その「悪さ」に気づいているという点において、キャルは人間の純度の高さを望む者でもある。

父親はかれを責め立てない。キャルは「うん、知っている」と正直に答える。もはやウソをつく必要がないのだ。いくつかの出来事を経て、物語の終盤、キャルと父親は和解をする。「悪さ」の卑しさを知り、それもまた弱さであることを知り、無理に装った強さの限界を知り、「意識」が「存在」を規定し返すのである。環境や役割という「存在」に縛られるのはしかたないが、そのなかでもキャルは、可能なかぎり「素の自分」で生きようとする。「意識がその存在を規定する」のである。

できるだけ「素の自分」で生きたい、自分にも他人にもウソをつくことなく、「意識」のままで生きたいという思いは、わたしたちの日々の些細な場所でも生じる。ほんとうはだれもウソなんかつきたくはないのだ。そのようなとき、かならず「存在」が出現し、「素の自分」とせめぎ合う。たとえばこのように。

舐めた口をきく人間にはならない

お笑い芸人「オードリー」の若林正恭《まさやす》がわたしは好きなのだが、かれは「スタバ」に「行くこと自体が恥ずかしい」といっている。それだけでも恥ずかしいのに、とても「グランデ」なんかいえない。「『パスタ』と言うのも恥ずかしい」と（わたしも「パスタ」は恥ずかしい)。つまり、オシャレな言い方が好きではない。かれは「飲み会嫌い」でもある。完全に「自意識過剰」である。「誰もぼくのことなんか見ていない。それはわかっているのだ。だがしかし、だ。ぼくなのだ。ぼくが! 見ているのだ!」

人見知りを自認し、大勢の集まりが苦手で、「己知る」に過敏に感応する若林が好ましい(しかし、いまではかれは人見知りや社会性のぎこちなさは「以前に比べると改善されてきた」ようである)。テレビに出始めたころ、「豪邸訪問のリポーターの仕事」があった。そんなときテレビのお約束で、たとえば「高価な壺があるとして、その値段を聞いてビックリしましょうという流れがある」とき、「ぼくは『別に壺なんか要らないし、何百万もする壺を持っているからすごいってことでもないだろ』と本気で思っていた」。

今もそう思っているところはあるけど現場にその自分は持っていかない。

それに仕事がない時期に自己否定感から逃れるために物質主義や消費社会などの外的価値を批判するような本ばかり読んできたぼくがだ、いきなりそういった価値の宣伝マンのような立場を取らなくてはいけない。

これには悩んだ。

「すごいけど、特に必要でもないですね」なんてコメントをしてみたこともあった。現場の雰囲気は歪むし、やはりカットもされる。それならばと、相方とボケまくってマトモに紹介しないということもやってみた。すると人づてに「撮りたいものが撮れなかった」とディレクターさんが言っていたという話を聞く。だけれども、高級料理や豪邸を手放しで持ち上げると百円ショップや銭湯にいた仲間、それに昔の自分を裏切ったような気持ちになる。

(『完全版　社会人大学人見知り学部卒業見込』角川文庫)

この本にはウソがない。今でも「グルメ番組で高級なものを食べる時、そんな昔の自分が背後から忍び寄ってくる」。「おい、お前まさか、高級料理＝幸福。論をアナウンスするんじゃないだろうなぁ?」。そのとき若林の頭のなかでさまざまな思いが駆け巡る。「簡単においしいと言っていいのか? でも、すごくうまい! だってシェフが試行錯誤を繰り返し辿り着いた味なんだから。うん、スタッフさんもおいしいというコメントを求めている。しかし高級料理を食べるという相対的な幸福感の先頭に立つような真似をしていいのか？　だが、想像してみろ。『確かにおいしいですけど、それ以外にも大切なことはたくさんありますよね』と言った後の世界を！　壮絶な焼け野原にポツンと立つことになるぞ。何よりカットだ。言え、言うのだ！　おいしいと！」。その結果、若林は葛藤を押し切って「これ……お、おいしい」といってしまう。

テレビや芸人の世界に生きる者としてはめずらしいだろう。たぶん、身をやつしきれないのだ。たしかに「自意識過剰」である。しかしこれは「存在」に盲従することができない「意識」者の宿命である。

もう一人の例。

作家の佐川光晴は北海道大学法学部を卒業したあと、一年間出版社に勤めたが、上層部とケンカをして辞めた。学生時代、弁護士になるつもりだった。しかし次に勤めたのは、「大宮食肉中央卸市場」の「屠殺場《とさつじょう》」だった。面接日、壮年の強面《こわもて》の作業員から「ここは、おめえみたいなヤツの来るところじゃねえ」と怒鳴られたが、入社を決め、作業員になった。二十五歳だった。その日から、佐川はナイフを握って牛や豚の皮を剝ぎ、解体する仕事を十年半つづけた。

なぜ屠殺場の仕事に就いたのか？　佐川はその著『牛を屠《ほふ》る』の平松洋子との巻末対談でこのようにいっている。その仕事に就くまえ、佐川は「おれみたいな人間はヘトヘトになるまで働いちゃわないとダメだ。頭だけで行くとロクなことを考えない」という「確信」があったという。なぜそう思ったかというと、「（略）一歩間違うと、世の中に向かって高をくったことを言い始めるのではないかという不安があって、絶対にそうはならない状態にしたかった。他人や他人の仕事に向かって、ちょっとでも舐めた口をきくような人間に自分をしたくありませんでした。舐められたくもないし、誰かに引けを取るような人間になりたくもないけれど、同時に人を馬鹿にする連中の仲間に加わりたくなかったのだと思います」（佐川光晴『牛を屠る』双葉文庫）。

「存在」の低みから、ひねて、何事にも「高をくく」るような人間にはなりたくなかったし、「舐められ」る人間にもなりたくなかった。「存在」の高みから「人を馬鹿にする」ような人間にもなりたくなかった。見事な根性である。だから佐川は勢い、こういう地点に着地するほかはなかった。

「最初の五、六年間は、牛の仕事の世界というのを誰かの言葉に当てはめて解釈するようなことは一切しなかった。批評的な言辞で——例えばマルクスだったらこれをどう思うかとか、そういうくだらない想像はせず、ただ自分の体と、ヤスリと、ナイフと、牛と、そして作業課の人たちの中で『労働』という行為を繰り返すことだけに専念していました」。なにも考えず、ただひたすら「労働」をしただけ、というのである。「マルクスだったらこれをどう思うかとか、そういうくだらない想像」というのが清々《すがすが》しい。

「ウソ」をめぐって、よたよたしながら、思いもしなかった地点にたどりついてしまった。わたしは大学を卒業したあと、就職に際して履歴書審査や試験や面接で三十数社を落ちに落ちた。精神的疲弊の極《きわ》みで、たまたま駅の売店で買った朝日新聞の求人欄で見た小さな会社にかろうじて職を得た。そこで三十四年間、勤めた。朝日新聞の数行の求人広告がその後のわたしの人生を方向づけたといっていい。もし見ていなかったら、その後の人生がどうなったかまったくわからない。本書のあちこちにもその「求人広告」があったのだろう。そのつど方向がうろうろした。「よたよた」「うろうろ」はわたしの人生そのものという気がしないでもない。

佐川光晴がもうひとつ、こんなことを書いている。意表を突かれた。「(屠殺場の作業員たちは) 仕事が終わったら『とっとと帰《けえ》るべえよ』と、みんなパッと散っていく。離合集散の美しさもありました」

なんと「離合集散の美しさ」! こんなところに目をつけた人(作家)をほかに知らない。佐川にとっては、さぞかし目を洗われるような光景だったのだろう。一対一ならさっさと別れることができるだろう。が、集団となると人間(日本人?)たちは、店の前でさまざまな思惑と、愛想と、気遣いと、気後れやらが交錯して、互いににこやかな顔を見せながらぐずぐずする。屯《たむろ》する。わたしはたいていの場合、ひとりでさっさと帰った。本稿とはなんの関係もないが、佐川光晴のこの「離合集散の美しさ」という言葉がいい。そこにはいじましい余計な心理戦が一切ないのだ。屠殺場の作業員たち。羨ましい集団だ。

あとがき　――ウソのなかを生き抜く真

　ある日の午後の喫茶店。「ウソ」について訊くわたしに、数歳年上の知人が、こんなことをいった。「ウソなんて人に迷惑をかけなければ、うまく使っていけばいいんですよ。だけど、ウソをつくのにはけっこうエネルギーがいるし、そのことがめんどうくさいから、正直に生きているだけのことです。そのほうが楽なんだよね」

　考えてみれば、わたしもそんなところかもしれないな、と思う。ウソをつくとつねにつじつま合わせを考えなければならず、余計な神経をつかう。バレやしないかと気を揉《も》む。疚《やま》しさを抑え込まなければならない。ケチくさい自分にも嫌気がさして、後味《あとあじ》もよくない。正直のほうが楽なのである。少なくとも後腐《あとくさ》れがない。

　だがやはり、それだけではない。人間は〝正直であること〟を人間的価値としてきた。それが人間のDNAに刷り込まれているとは思わないが、諸民族同士が示し合わせたわけでもないのに、〝正直〟は普遍的価値になっているといっていい。「自由」「平等」「人権」概念よりも古くからある価値である。「神」や「仏」がつくられたとき、同時に「人間性」もでき、その人間性の徳目のひとつとして〝正直であること〟が立てられたのではないか。

いまから約百二十年前、宗教家で教育者だったシャルル・ヴァグネルは、われわれの生活や人生には「うそや、憎しみや、腐敗や、苦しみや、死があるのを見ると、われわれはどう考えたらいいのでしょう?」と自問して、こう書いている。「一つの偉大な神秘な声」が「善良であれ」と答えている、と。これにつづく文章は、これまでの本で一、二度引用したことがあるが、もう一度引く。忘れられない言葉である。

善良さはその敵として、人間のうちのけだものとも呼ぶべき生れつきの凶暴さを持っており、またやはりその敵として、ずるさや、力や、利害や、とりわけ忘恩を持っております。それらの陰険な敵どもの真っ只中を、どうして善良さは汚れもせず疵《きず》も受けずに通ってゆくのでしょうか? 聖なる伝説に語られている預言者が吼えたける野獣たちの真っ只中を通って行ったように。

(『簡素な生活——一つの幸福論』講談社学術文庫)

「陰険な敵どもの真っ只中」を「善良さ」が通っていく。鮮烈なイメージだ。力強くも、痛々しくもある。ヴァグネルのいうこととはちがって、「汚れ」もし、「疵」も受けたにちがいない。満身創痍のはずだ。だが「善良さ」は悪よりもしぶとい。絶えることなく、こんにちまで生き続けている。

有史以来、ウソは人間世界を覆ってきた。ウソをつく人間はしばしば罪を逃れ、利を得てきただろう。悪質なウソをつかれた者は、誹謗中傷に晒《さら》され、身に覚えのない罪を負わされ、苦しんだだろう。ウソをつく才覚のない者は、〝正直者はバカをみる〟のとおり、損ばかりしてきただろう。それでも、小ばかにされ蔑視《べっし》されながらも、「正直」は「ウソ」の真っ只中を生き抜いてきたのである。「ウソつきの国」の「ウソつきの人々」はなにも、現代に生まれたわけではない。

といって、これはいうまでもないことだが、どんな場合でも、だれに対しても、正直にいえばいいというわけではない。「おれは根が正直だから、ついホントのことばかりいっちゃうんだよな」と半分は冗談めかして、半分は「ドヤ顔」でうそぶく者がいるが、まあ救いようのない愚か者である。その証拠に、そのことを咎められると、「ホントのことをいってなにが悪い」と居直る。かれのいう「ホント」はただの腹いせで、自分が「ホント」と思っているだけの、いう必要もない薄っぺらい「ホント」でしかない。

いっていいことと悪いことがある、というのは正しい。ほんとうに「ほんとうのこと」をいわなければならない場面など、めったにあるわけではないのである。いっていいことと悪いことの境目を判断するのは教養(のひとつである常識)である。時と場所と相手の問題もある。言い方の問題もある。どうでもいい、ただ為《ため》にするだけの「ホント」のことなど、いわないほうがいいのである。

NHKスペシャルの「終わらない人　宮崎駿」(NHK、二〇一六年十一月十三日放映)という番組を観た。長編映画からの引退を宣言したあとの、宮崎駿(七十五歳)のその後を追ったものである。あくまでも手描きにこだわってきた宮崎が、いまはCGに興味を示している。

ドワンゴ社の会長以下数名がスタジオジブリ社を訪れ、ジブリ側の担当者たちと合わせて十数名が一堂に会した。ドワンゴ側は人工知能によるCGではこんなこともできるのだと、用意してきた映像を流した。両手足がありえない方向にねじ曲がり、のたうち、はいずりまわる裸の男の姿が映し出された。会長がいささか得意顔で「この動きが気持ち悪いんで、ゾンビゲームの動きに使えるんじゃないかって」と説明をする。

すると、見終わった宮崎駿は、怒気を抑えるかのようにこういったのである。意想外だった。しかし言葉はあくまでも丁寧《ていねい》だ。

「あのう、うーんとねえ、毎朝会う、このごろ会わないけど、身体障碍の友人がいるんですよ。ハイタッチするだけでも大変なんです。かれの筋肉がこわばっている手と僕の手でこうハイタッチするの。そのかれのことを思い出してね、僕はこれ(映像……引用者注)をおもしろいと思って見ることとできないですよ。これを作る人たちは痛みとかそういうもんについてね、なにも考えないでやっているでしょ。きわめて不愉快ですよね。(略)きわめてなにか、生命に対する侮辱《ぶじょく》を感じます」

座が凍《こお》りついた。わたしも「おお、いったねえ」と思った。これは宮崎にとって、いわなければならない「ほんとうのこと」だったと思われる。ドワンゴ社内では、このような意見は皆無《かいむ》だったにちがいない。それどころか、逆に「うわあ、気持ちわりいなあ」と沸いたかもしれない。もし「やりすぎじゃないか、あまりよくないな」と思った社員がいたとしても、下っ端でそんなことをいえる雰囲気ではあるまい。

ほんとうに「ほんとうのこと」をいうには力の優位（社会的地位、実績、年齢）が必要である。少なくとも対等でなければならない。下っ端や下請けが上司や親会社に「ほんとうのこと」をいえるはずがない。それでも「ほんとうのこと」をいうためには、最悪の場合、諸関係の破綻《はたん》を覚悟しなければならない。ほんとうの「ほんとうのこと」をいうのは、ウソをつく以上に、エネルギーが必要である。

しかし、宮崎駿は力の優位性にありながら、その優位性を捨てきっていると思われる。利害関係も捨てている。先の宮崎駿の発言のなかの（略）とした部分で、かれはこういっている。「そんなに気持ちの悪いものをやりたいんなら勝手にやっていればいいだけで、僕はこれを自分たちの仕事とつなげたいとは全然思いません」。人がやることを止めることはできない。だが、人はやっても、自分はやらない。宮崎駿にあるのは、自分が信じる真《まこと》、の一点だけである。

世の中のそこここにはびこるウソに叩かれながら、その真ん中を正直が通っていく。蔓延する偽物や偽者のなかを、「真」が生きぬいていく。文字通り「真ん中」、といいたいが、それは意味がちがうか。

二〇一六（平成二十八）年十二月

勢古浩爾

勢古浩爾（せこ・こうじ）

1947年大分県生まれ。明治大学政治経済学部卒業。洋書輸入会社に入社したが2006年に退社、執筆活動に専念。「ふつうの人」の立場から「自分」が生きていくことの意味を問いつづけ、『まれに見るバカ』(洋泉社・新書ｙ）で話題に。その後も『アマチュア論。』(ミシマ社)、『会社員の父から息子へ』(ちくま新書)、『定年後のリアル』(草思社文庫）など著書多数。

本書は書き下ろしです。

ウソつきの国

二〇一七年三月一日　初版第一刷発行

著者　勢古浩爾

発行者　三島邦弘

発行所　株式会社 ミシマ社
〒一五二-〇〇三五
東京都目黒区自由が丘二-六-一三
電話　〇三（三七二四）五六一六
FAX　〇三（三七二四）五六一八
e-mail　hatena@mishimasha.com
URL　http://www.mishimasha.com
振替　〇〇一六〇-一-三七二九七六

装丁・レイアウト　矢萩多聞
印刷・製本　株式会社 シナノ
組版　有限会社 エヴリ・シンク

ISBN 978-4-903908-90-8

好評既刊

アマチュア論。

勢古浩爾

自称「オレってプロ」にロクな奴はいない！

似非プロはびこる風潮に物申す！「ふつうの人」がまともに生きるための方法を真摯に考察した一冊。

ISBN978-4-903908-02-1　1600円

小田嶋隆のコラム道

小田嶋隆

なんだかわからないけど、めちゃめちゃおもしろい!!

深遠かつ実用的、抱腹絶倒間違いなし。書き出し、オチ、文体と主語、裏を見る眼…天才コラムニストによる「超絶！文章術」。

ISBN978-4-903908-35-9　1500円

言葉はこうして生き残った

河野通和

いつの時代も、光は言葉にある。

膨大な書籍群の中に飛び込み、6年半かけて発見しつづけた、次代へつなげたい知と魂！「考える人」編集長メルマガ、待望の書籍化。

ISBN978-4-903908-89-2　2400円

（価格税別）